Descubra Juegos Gratis Online

Disponibles Aquí:

**BestActivityBooks.com/FREEGAMES**

# 5 CONSEJOS PARA EMPEZAR

## 1) CÓMO RESOLVER LAS SOPA DE LETRAS

Los rompecabezas tienen un formato clásico:

- Las palabras se ocultan sin espacios ni guiones,...
- Orientación: Las palabras pueden escribirse hacia delante, hacia atrás, hacia arriba, hacia abajo o en diagonal (pueden estar invertidas).
- Las palabras pueden superponerse o cruzarse.

## 2) APRENDIZAJE ACTIVO

Junto a cada palabra hay un espacio para anotar la traducción. Para fomentar un aprendizaje activo, un **DICCIONARIO** al final de esta edición te permitirá comprobar y ampliar tus conocimientos. Busca y anota las traducciones, encuéntralas en el puzzle y añádelas a tu vocabulario!

## 3) MARCAR LAS PALABRAS

Puedes inventar tu propio sistema de marcado. ¿Quizás ya usas uno? También puedes, por ejemplo, marcar las palabras difíciles de encontrar con una cruz, las que te gustan con una estrella, las nuevas con un triángulo, las raras con un diamante, etc.

## 4) ESTRUCTURAR EL APRENDIZAJE

Esta edición ofrece un **CUADERNO DE NOTAS** muy práctico al final del libro. En vacaciones, de viaje o en casa, podrás organizar fácilmente tus nuevos conocimientos sin necesidad de un segundo cuaderno!

## 5) ¿HABÉIS TERMINADO TODAS LAS PARRILLAS?

En las últimas páginas de este libro, en la sección **DESAFÍO FINAL**, encontrarás un juego gratis!

¡Rápido y sencillo! Echa un vistazo a nuestra colección de libros de actividades para tu próximo momento de diversión y aprendizaje, ¡a sólo un clic de distancia!

Encuentre su próximo reto en:

BestActivityBooks.com/MiProximoLibro

# En sus marcas, listos, ¡Ya!

¿Sabías que hay unas 7.000 lenguas diferentes en el mundo? Las palabras son preciosas.

Nos encantan los idiomas y hemos trabajado duro para crear libros de la más alta calidad para tí. ¿Nuestros ingredientes?

Una selección de temas adecuados para el aprendizaje, tres buenas porciones de entretenimiento, y luego añadimos una cucharada de palabras difíciles y una pizca de palabras raras. Los servimos con cariño y máxima diversión para que puedas resolver los mejores juegos de palabras y te diviertas aprendiendo!

-------

Tu opinión es esencial. Puedes participar activamente en el éxito de este libro dejándonos un comentario. Nos encantaría saber qué es lo que más le ha gustado de esta edición.

Aquí hay un enlace rápido a tu página de pedidos:

BestBooksActivity.com/Opiniones50

Gracias por tu ayuda y diviértete!

*Todo el equipo*

# 1 - Agua

```
D  B  D  J  C  A  W  T  Y  E  C  G  M  H  X  A
L  R  W  U  Z  F  V  Y  R  V  R  N  G  E  R  V
V  G  I  O  O  V  C  N  L  W  I  H  E  E  D
J  Å  Y  C  X  S  S  U  N  U  S  N  O  M  S  U
P  N  G  I  K  H  A  V  Y  S  I  M  F  F  J  N
Z  E  G  O  D  B  B  O  G  T  D  Ä  T  U  E  S
N  P  H  E  R  L  A  N  A  K  D  V  E  K  G  T
Y  A  G  N  Å  L  U  R  F  R  O  S  T  T  D  N
F  U  K  T  I  G  H  E  T  S  L  R  P  I  U  I
S  J  Ö  R  A  L  Z  K  Z  N  F  E  K  G  S  N
I  P  D  K  O  A  S  X  F  V  U  V  Z  X  C  G
B  E  V  A  T  T  N  I  N  G  X  Ö  N  S  H  W
V  T  I  V  U  D  T  P  F  R  J  M  M  E  I  W
A  V  R  V  F  R  X  K  H  D  H  X  A  N  W  O
W  F  I  Y  H  J  C  G  C  B  J  T  M  J  C  F
R  E  U  O  N  L  P  J  E  T  L  C  A  E  M  E
```

| | |
|---|---|
| KANAL | SJÖ |
| DUSCH | REGN |
| AVDUNSTNING | MONSUN |
| GEJSER | SNÖ |
| FROST | HAV |
| IS | VÅGOR |
| FUKTIGHET | DRICKBAR |
| ORKAN | BEVATTNING |
| FUKTIG | FLOD |
| ÖVERSVÄMNING | ÅNGA |

# 2 - Arqueología

```
E  B  P  O  P  G  O  B  J  E  K  T  J  D  Å  U
Ä  X  Z  G  Y  L  G  A  C  L  E  B  K  H  R  U
T  J  P  T  D  Ö  D  M  U  I  R  E  T  S  Y  M
T  H  U  E  Z  M  U  P  J  S  A  L  H  Z  M  C
L  L  H  N  R  T  T  R  E  S  J  C  S  G  Y  I
I  O  D  W  F  T  V  O  F  O  E  F  F  Z  F  V
N  X  K  F  P  V  Ä  F  M  F  R  M  T  R  O  I
G  W  V  Ä  D  U  R  E  F  K  L  K  Y  E  R  L
F  O  N  A  N  U  D  S  D  T  E  A  M  L  S  I
A  G  R  T  E  D  E  S  Z  E  P  I  Y  I  K  S
Y  N  M  V  B  M  R  O  O  U  M  X  S  K  A  A
I  P  A  A  K  T  I  R  J  K  E  K  S  C  R  T
R  Y  J  L  A  R  N  E  K  I  T  N  A  E  E  I
S  I  M  V  Y  X  G  G  R  A  V  T  N  C  V  O
E  K  Y  P  D  S  U  C  V  P  H  G  N  W  J  N
U  P  G  D  L  J  E  V  Y  X  Z  B  L  H  B  B
```

| | |
|---|---|
| ANALYS | FOSSIL |
| ANTIKEN | BEN |
| ÅR | FORSKARE |
| CIVILISATION | MYSTERIUM |
| ÄTTLING | OBJEKT |
| OKÄND | GLÖMT |
| TEAM | PROFESSOR |
| ERA | RELIK |
| UTVÄRDERING | TEMPEL |
| EXPERT | GRAV |

# 3 - Granja #2

```
A M A L M Z S M L C F O K Y Z B
N G L Z L J G A A I L N D K V E
K R C N I D Ö T G P H E R D E V
A Ö O F H T N L T X G X Å O F A
B N V J Z Z U F K T O D G A K T
L S K V E T E W U Y I B D B A T
T A P S Y N V M R Å F O Ä H A N
C K Z D K E K K F J X N R N J I
I P F C P W N L B F S D T W B N
M T R A K T O R X P D E T A O G
O A D A L S F G U N V C K H U F
W P J E D K J Z Y L O B U Ä N G
P U S S J N O L O A G L R Z X E
X K D K U W K U T M B D F C T T
H I S K R B N D E M J W S X B E
N B O W L N B E G M Z T Z C W Z
```

| | |
|---|---|
| BONDE | LAMA |
| DJUR | MAJS |
| KORN | FÅR |
| BIKUPA | HERDE |
| MAT | ANKA |
| LAMM | ÄNG |
| FRUKT | BEVATTNING |
| LADA | TRAKTOR |
| FRUKTTRÄDGÅRD | VETE |
| MJÖLK | GRÖNSAK |

# 4 - La Empresa

```
H L I P R O F E S S I O N E L L
R Y E N P R O D U K T B Ö I U P
G X D O K F Ö R E T A G L T T R
P W W I G O W L A F E P T J M W
P R U T M L M M O B I O E X B I
M G B A K I O S R Y K T E T X K
B E B T C N K B T E T I L A V K
E T D N E R T A E E R R X U N
S S Z E K O E R Y L H T I R I O
L M H S L V A E N I G S S H X S
U A D E E A T N M G I U K M S O
T R I R C T I D D M L D E S T R
A F K P A I V E O T J N R F A Y
P B U B L V G R N M Ö I W E V D
M X N R E T E H N E M X Y L T L
I N V E S T E R I N G T G O M P
```

KVALITET
KREATIV
BESLUT
GLOBAL
INDUSTRI
INKOMST
INNOVATIVT
INVESTERING
FÖRETAG
MÖJLIGHET

PRESENTATION
PRODUKT
PROFESSIONELL
FRAMSTEG
MEDEL
RYKTE
RISKER
LÖN
TRENDER
ENHETER

# 5 - Aviones

```
P W Z X E H N N P A Z E P L P Z
A I H D K U E X K T H W B C R S
S A G G O X H J L M O J Z E O T
S Ä D N N V L A Z O U L X Z P N
A V I I S O W E L S N Ä R B E A
G E Z N T L L V K F P J F A L V
E N C T R R A L A Ä W I E I L I
R T S K U F R N A R W D L R E G
A Y X I K D E D D B S Y A O R E
R R Y R T J N A L N L U F T T R
E D X I I Ö V Ä T E I L P S U A
P R K H O H I M M E L N L I G M
W K D C N Z C X Z D E K G H G O
W G M N E Z A O D E S I G N K T
T T G P P B E S Ä T T N I N G O
F T U R B U L E N S N C V N H R
```

| | |
|---|---|
| LUFT | BALLONG |
| HÖJD | PROPELLER |
| LANDNING | VÄTE |
| ATMOSFÄR | HISTORIA |
| ÄVENTYR | MOTOR |
| HIMMEL | NAVIGERA |
| BRÄNSLE | PASSAGERARE |
| KONSTRUKTION | PILOT |
| RIKTNING | BESÄTTNING |
| DESIGN | TURBULENS |

# 6 - Tipos de Cabello

```
B O Z W U T I V S W F F W D W E
A L G K D L J P U Y T M S A F K
R G O G A L R O E S V A R T W B
U I R N N U T W C O B E R Ä L K
I G D Å D P O G J K I A O L O Z
W Å H L S K I N A N D E T F C R
Y V R O P E I U K O R T V M K Y
S K A L L I G R N S O M V G A A
L O C K I G T B M N T A L P R P
F E C S P X U H A H Ä K I A M H
F Y H O F D Y I J W L A S A J U
R F Y P V T M C D O F Y C P U Y
I X H I V T D N Y C A U R R R M
S M J U K D J U T L N S J W Y A
K E N B Y P V K C X R X N Y E R
A J S I L V E R L M P L U O E C
```

| | |
|---|---|
| VIT | VÅGIG |
| SKINANDE | SILVER |
| SKALLIG | LOCKIGT |
| KORT | LOCKAR |
| TUNN | BLOND |
| GRÅ | FRISKA |
| TJOCK | TORR |
| LÅNG | MJUK |
| BRUN | FLÄTAD |
| SVART | FLÄTOR |

# 7 - Ética

```
O  W  N  T  J  I  A  T  E  H  G  I  D  R  Ä  V
R  P  E  V  H  K  B  D  P  Z  J  N  L  V  P  H
A  K  T  E  H  G  I  L  N  Ä  V  T  T  Ä  L  B
T  R  E  I  J  V  M  E  X  H  L  E  O  R  K  L
I  E  H  V  M  M  N  K  Y  P  X  G  L  D  F  Ä
O  S  G  A  O  I  Z  Y  H  A  I  R  E  E  I  R
N  P  I  U  D  N  S  G  I  L  M  I  R  N  L  L
A  E  L  B  S  D  O  M  A  L  Å  T  A  E  O  I
L  K  K  T  I  B  C  L  J  X  V  E  N  K  S  G
I  T  S  K  V  D  L  X  Y  F  P  T  S  T  O  H
T  F  N  D  I  P  L  O  M  A  T  I  S  K  F  E
E  U  Ä  M  E  D  K  Ä  N  S  L  A  X  X  I  T
T  L  M  S  I  L  A  U  D  I  V  I  D  N  I  G
V  L  A  L  T  R  U  I  S  M  M  A  N  U  P  S
I  S  A  M  A  R  B  E  T  E  I  B  F  N  Z  H
F  G  Z  U  W  G  G  R  E  A  L  I  S  M  V  A
```

ALTRUISM
VÄNLIGHET
MEDKÄNSLA
SAMARBETE
VÄRDIGHET
DIPLOMATISK
FILOSOFI
ÄRLIGHET
MÄNSKLIGHETEN
INDIVIDUALISM

INTEGRITET
OPTIMISM
TÅLAMOD
RATIONALITET
RIMLIG
REALISM
RESPEKTFULL
VISDOM
TOLERANS
VÄRDEN

# 8 - Ciencia Ficción

```
C E B I O I F J U A P I P O T U
M P B E J M L P N V A X E R I V
K V I X A A S L D L R Ä V A Y D
O W X T R G I O T Ä T H I K C S
C L L R O I X L N G C E H E B O
A T K E T N Z E L S D E K L K E
L T N M R Ä W R U E M D M N S R
C E O S O R X E O N X X F L I X
H N I M G N M G C B N V N G T K
X A S A E X Y O H Y O I S M S Z
F L U F N R S N T R N T N O A G
G P L C X Y T H G T J C A T T Z
A X L H K S I T S I L A E R N S
L G I N O I S O L P X E G D A E
A R L J B J K L D Z A A N I F L
X C W B Ö C K E R X W N Z I A D
```

| | |
|---|---|
| ATOM | IMAGINÄR |
| BIO | BÖCKER |
| AVLÄGSEN | MYSTISK |
| EXPLOSION | VÄRLD |
| EXTREM | ORAKEL |
| FANTASTISK | PLANET |
| ELD | REALISTISK |
| TROGEN | ROBOTAR |
| GALAX | TEKNIK |
| ILLUSION | UTOPI |

# 9 - Granja #1

```
P D W R Y X V U P W G V U K N T
W W G M F Y D P F F I K H M P F
B B A T C D H V Å Y I V E N X Z
T N W V K G D D S D R A L X N M
B T M K F O R I N N L E S D Ö G
K C U G R C G H A U J A P Z R N
K K J L K L D I K H F M N E F U
O A V I S T F B Å E Ö Ä H D K N
O L U T S S G O R K I I L J Y O
R V F I T A T E K A T S B T C H
I B J O R D B R U K L B I S K F
S F G O Z P S C W R I E J Ä L E
O F B F J P G P Y A D N N H I L
K K I X R N E T T A V Y S S N X
N K I C A I T T A K O S A Z G W
N N R M K Y P O J S Y N S L D E
```

BI
JORDBRUK
VATTEN
RIS
ÅSNA
HÄST
GET
FÄLT
KRÅKA
GÖDSEL

KATT
HÖ
HONUNG
HUND
KYCKLING
FRÖN
KALV
LAND
KO
STAKET

# 10 - Camping

```
U H B L B S S H P B I L T R Ä D
N L C E F J K O V U C Z R P W L
I K E I R Ö O H A T T H E E L E
K A N O T G G N I N T S U R T U
F T L C L G B O A I L L X U K U
D T H M E Y N A T U R S O J O I
V A T R A K K N G Z W J U D M N
B M R G D W Ä T I U H H K J P G
X G Z A V B V F A M T S H R A F
O N W S J K E A M B B S H F S M
T Ä D B T L N J P K M Å N E S R
D H U B U I T A L P B I M Z K B
R W C T R V Y J A K T P K Y C F
Y F W H F X R V N V E I X Z Y A
F P W N M N A X C R E P T G L X
Y T H Z R V E I N S E K T N L U
```

| | |
|---|---|
| DJUR | ELD |
| ÄVENTYR | HÄNGMATTA |
| TRÄD | INSEKT |
| SKOG | SJÖ |
| KOMPASS | LYKTA |
| STUGA | MÅNE |
| KANOT | KARTA |
| JAKT | BERG |
| REP | NATUR |
| UTRUSTNING | HATT |

# 11 - Fruta

```
P D I M W T X K O Y A Y A P A P
A A V O K A D O W T O G N A M E
V P O N M O E F W B X Y A B K R
U D E G B E S I J E O S N O T S
R M Z L T X T J E L F S A P L I
D N C K S O K I R P A R S B K K
H I P R X I K O S P G L H L V A
E D A M A U N O R Ä P I O X B W
F C I J X A G V T R B C R G Ä F
R Y M M B K J W K O K O S G R T
B I N Z K K L S M G U A V A F I
J A V J P I H A L L O N O L E M
Z D N W H N W N E K T A R I N V
R Z T A F B S I Z U H V Y Y C J
F J F R N O R T I C T R X N F M
K Ö R S B Ä R L G B D N J J S P
```

AVOKADO            ÄPPLE
APRIKOS            PERSIKA
BÄR                MELON
KÖRSBÄR            APELSIN
KOKOS              NEKTARIN
HALLON             PAPAYA
GUAVA              PÄRON
KIWI               ANANAS
CITRON             BANAN
MANGO              DRUVA

# 12 - Geología

```
N N M K Z C L P Z K E S M J L B
G Z N A K L U V M Y T T I O M J
R M L L R M E V J A W A N R L O
O K P C I K D M U S H L E D G A
T O L I S H L O T C T A R B T W
T N A U T G A B O M F G A Ä S P
A T T M A E V T K Y T M L V L H
R I Å V L J A E S Y M I E N A D
Y N X D L S T R A V K T R I Y X
S E O I E E L A G E R E G N Y Y
F N S I R R H F A D E R E G R Z
J T P A S K G W R G B Y W E O Y
Y U C S L O F O S S I L E R O Y
I E L R R T R D C T I C W O F V
W Z T Y T H N E T S I C R L T B
S T A L A K T I T K O R A L L F
```

| | |
|---|---|
| SYRA | STALAGMITER |
| KALCIUM | FOSSIL |
| LAGER | GEJSER |
| GROTTA | LAVA |
| KONTINENT | PLATÅ |
| KORALL | MINERALER |
| KRISTALLER | STEN |
| KVARTS | SALT |
| EROSION | JORDBÄVNING |
| STALAKTIT | VULKAN |

# 13 - Álgebra

```
Z  N  T  H  V  W  F  F  E  X  P  O  N  E  N  T
K  O  Z  Z  V  X  X  Ö  N  F  S  R  S  H  T  P
S  I  F  F  R  A  D  R  O  A  E  S  N  W  D  A
V  T  J  X  D  X  I  E  L  L  Y  G  A  E  B  R
A  K  G  D  K  S  A  N  L  S  V  G  O  K  F  E
R  A  X  P  E  T  G  K  R  K  F  J  P  N  M  N
I  R  D  U  V  I  R  L  G  N  M  A  V  O  E  T
A  F  D  G  N  F  A  A  L  T  J  L  K  I  L  E
B  Z  I  B  R  R  M  P  H  Y  N  T  P  T  B  S
E  V  V  K  V  A  N  T  I  T  E  T  W  K  O  I
L  H  I  F  M  L  Ö  S  N  I  N  G  L  A  R  R
G  O  S  D  N  F  E  L  I  N  J  Ä  R  R  P  T
X  T  I  M  K  E  Y  M  V  O  O  I  Z  T  X  A
V  G  O  H  F  W  G  U  R  L  G  T  O  B  C  M
G  O  N  G  I  L  D  N  Ä  O  D  T  J  U  E  X
E  K  V  A  T  I  O  N  S  P  F  A  T  S  F  V
```

KVANTITET
NOLL
DIAGRAM
DIVISION
EKVATION
EXPONENT
FAKTOR
FALSK
FORMEL
FRAKTION

OÄNDLIG
LINJÄR
MATRIS
SIFFRA
PARENTES
PROBLEM
SUBTRAKTION
FÖRENKLA
LÖSNING
VARIABEL

# 14 - Plantas

```
V U L M U R G R Ö N A X K I T T
E W G B Ä R Z W J N U Z T O R W
G K K R E V V Ö L X V V X D Ä R
E G F Z Ä O C Y C B A Z P M D Y
T W T Z G S E Z E D K J B N W V
A X C B S S E M K E R R V M B A
T B K P R Y M O S S A R O L F F
I U X W O W Y U U B O T A N I K
O J G Z T Z W G B A B Ö N A B Y
N D Ö O T K A W G M P T W B D F
O T D A L B H Y U M A W N U O V
M X S U T K A K R O N B L A D M
O U E S L M M O J L D L H S W B
K Y L S K D X I G B P I F G A V
G M K J F O U V J E S B O B Y O
K T F D R Å G D Ä R T Z Z I Z R
```

| | |
|---|---|
| BUSKE | LÖVVERK |
| TRÄD | BÖNA |
| BAMBU | MURGRÖNA |
| BÄR | GRÄS |
| SKOG | BLAD |
| BOTANIK | TRÄDGÅRD |
| KAKTUS | MOSSA |
| GÖDSEL | KRONBLAD |
| BLOMMA | ROT |
| FLORA | VEGETATION |

# 15 - Suministros de Arte

```
D T O H X T B P R W G E O P G V
A K V A R E L L E R A K R Y L Z
R J P A O T S T O L J C E J L G
E R L J N I S O M L J Ä P B E O
L F X O N V I D É E R L P O B I
Z M J T E I H U K T F B A R A U
U R B E P T I R J A U H P S T I
S Z Y D K A N E B F M I L T D K
S B N S K E X F K Ä V E B A K R
H Z T Z S R A Ä A R P A R R L X
Y Y C L O K Ä R T G R M T A E A
S T A F F L I G O L J C I T D D
E I K I I C G E K J K F F U E Z
Z K P X K B V R B G Y M X U M N
A P V N N S U D D G U M M I D J
G Z Y V N R U V V U L N T U F N
```

| | |
|---|---|
| OLJA | FÄRGER |
| AKRYL | KREATIVITET |
| AKVARELLER | IDÉER |
| VATTEN | PENNOR |
| LERA | TABELL |
| SUDDGUMMI | PAPPER |
| STAFFLI | LIM |
| TRÄKOL | FÄRG |
| KAMERA | STOL |
| BORSTAR | BLÄCK |

# 16 - Negocio

```
B L I N L G T N N R T R U R E N
U B I O M U E F Ö R E T A G W X
D M U I B D V O I T U U I E X O
G J S T G D P A T S O K X J M V
E O H K I G N I R E T S E V N I
T B A A T K B M Ä O F Y F M S V
F B Z S A Z O O I O R W F Y K M
W P E N G A R N R D D M R X A F
K X U A X U R O R K Z U A N T C
S X I R E H D K A F D M B X T U
O L D T B Z R E K I R B A F E M
A R B E T S G I V A R E T F R Z
V A L U T A B E D L L Ä T S N A
F I N A N S K D K O N T O R A U
F Ö R S Ä L J N I N G R N V X K
I G D G J J K H A Y O S O E K I
```

| | |
|---|---|
| KARRIÄR | SKATTER |
| KOSTA | INVESTERING |
| RABATT | VAROR |
| PENGAR | VALUTA |
| EKONOMI | KONTOR |
| ANSTÄLLD | BUDGET |
| ARBETSGIVARE | BUTIK |
| FÖRETAG | JOBB |
| FABRIK | TRANSAKTION |
| FINANS | FÖRSÄLJNING |

# 17 - Jardín

```
B F P G O H E I F B C G Y E D H
Ä V F A T T A M S Ä R G R B I W
N I Z R O G R Ä S N H A I Ä C V
K M M A D X B H X I G G Z O S F
W D U G N S W N O C M M H B B R
M R V E I I E C H R T R B L T U
P Å F C L E F F Y K S Ä A O M K
A G Y V O G O U T S S F G M T T
L D Y S P W O I J I S S V M E T
H Ä N G M A T T A O A A B A K R
F R S A A X L S C F R F Z P A Ä
C T L L R V P W T X R D Ä R T D
K Y D B T E K S U B E S J O S G
R P L H B Z V D Z F T A L I F Å
P Y O I X O S L A N G P J A B R
C A L M T M I Y W I Y T Z Z T D
```

BUSKE
TRÄD
BÄNK
GRÄSMATTA
DAMM
BLOMMA
GARAGE
HÄNGMATTA
GRÄS
FRUKTTRÄDGÅRD

TRÄDGÅRD
OGRÄS
SLANG
SKYFFEL
VERANDA
RÄFSA
JORD
TERRASS
TRAMPOLIN
STAKET

# 18 - Países #2

```
E E N S S C E U P O R T U G A L
I O A F Y D Y K G R E K L A N D
J T W L R X W R U G A N D A Z V
F A H A I K V A A L B A N I E N
K U P H E O C I X E M P E U I I
M R Y A N S E N J R J P I G R N
U L A D N U T A S J T W L J L D
Ö C X P H D I K R A M N A D A O
P S O A L A O L Y P U G R W N N
V A T I E N P H S R J U T Z D E
J V K E L V I L S C P R S V M S
I T Z I R M E Z L V P D U L W I
M F T T S R N M A R S V A V M E
E M J F A T I Z N P D F S A K N
H K L P K Y A K D J A M A I C A
E K V Y K U F N E T K S X V B I
```

| | |
|---|---|
| ALBANIEN | LAOS |
| AUSTRALIEN | MEXICO |
| ÖSTERRIKE | PAKISTAN |
| DANMARK | PORTUGAL |
| ETIOPIEN | RYSSLAND |
| GREKLAND | SYRIEN |
| INDONESIEN | SUDAN |
| IRLAND | UKRAINA |
| JAMAICA | UGANDA |
| JAPAN | |

# 19 - Números

```
N  L  S  W  N  O  L  L  F  F  A  Y  S  U  X  P
O  G  U  J  T  O  L  V  Y  W  E  E  E  J  T  N
M  V  V  S  U  I  X  K  R  C  W  M  X  J  N  A
O  Z  A  Å  V  T  U  N  A  T  O  I  T  H  D  L
V  A  Y  U  N  O  T  T  E  R  T  Z  O  K  E  S
E  C  E  L  O  D  H  O  Z  E  L  G  N  D  C  E
Å  T  T  A  J  L  E  J  N  O  T  T  I  N  I  X
N  I  O  N  Y  S  A  T  Y  X  H  F  R  F  M  S
J  T  V  S  M  O  E  O  X  W  J  F  T  S  A  H
M  W  P  N  J  U  K  H  M  Y  T  J  U  A  L  T
M  O  U  V  P  U  O  F  E  V  I  O  W  R  J  U
H  T  O  D  F  E  M  T  O  N  O  R  X  T  N  J
F  U  W  D  U  Y  D  T  O  N  T  T  C  O  X  M
K  A  W  G  S  D  E  I  X  G  H  O  D  N  V  X
C  K  H  F  Z  I  V  C  M  C  W  N  M  O  L  X
U  K  B  Y  H  G  T  O  T  M  U  D  H  W  S  A
```

| | |
|---|---|
| FJORTON | TOLV |
| NOLL | TVÅ |
| FEM | NIO |
| FYRA | ÅTTA |
| DECIMAL | FEMTON |
| NITTON | SEX |
| ARTON | SJU |
| SEXTON | TRETTON |
| SJUTTON | TRE |
| TIO | TJUGO |

# 20 - Física

```
F K R T P X G J R M F N H M C H
F C M E Y K L M R S O O L S Y G
A D L U X D A C Y I U L R T D X
K A O S F I T O Y T Y Y E M S V
S N O I T A R E L E C C A K E V
I D O D T H O R W N M D F I Y L
M S U R E D T R R G N E R N V L
E O S F T O O C S A G N E A P M
K C J R I K M E L M K S K K A A
G H E B V J E L W U U I V E R S
N I M C I N K L K Z P T E M T S
A D O K T G C W E M E E N C I A
I L T F A R K N R Ä K T S P K R
J M A L L V A R X R A R T Y E K
X H L L E S R E V I N U F S L U
F M E B R V H A S T I G H E T P
```

ACCELERATION
ATOM
KAOS
DENSITET
ELEKTRON
FORMEL
FREKVENS
GAS
ALLVAR
MAGNETISM

MASSA
MEKANIK
MOLEKYL
MOTOR
KÄRNKRAFT
PARTIKEL
KEMISK
RELATIVITET
UNIVERSELL
HASTIGHET

# 21 - Belleza

```
H D L C P D D F H X J E N L J M
M G O T T Å O P M A H C S H U A
E B C A W N I F X S R T N Y R S
Z I K S M I N K T Z X G A M H C
N V A L Ä P P S T I F T G B B A
W R R C P U A F F U Z U E C M R
J O S P E G E L R T G P L D F A
N J T J Ä N S T E R N X E R O K
E L E G A N T S T Y L I S T T O
B O K O K R U M K C A Y B Y O S
O F I C R B I T U C H U C W G M
F B Ä U E J A W D W W A U U E E
E C V R D J S U O P U A R I N T
N H F X G Z L N R C T A E M I I
J R T E E K M K P Z B T W Y S K
A C V G D G H H U D G W R P K A
```

| | |
|---|---|
| OLJOR | DOFT |
| SCHAMPO | NÅD |
| FÄRG | SMINK |
| KOSMETIKA | HUD |
| ELEGANS | LÄPPSTIFT |
| ELEGANT | PRODUKTER |
| CHARM | LOCKAR |
| SPEGEL | MASCARA |
| STYLIST | TJÄNSTER |
| FOTOGENISK | SAX |

# 22 - Países #1

```
F I L I P P I N E R N A R V K F
V E N E Z U E L A H F W G N U F
N E I N A P S I K O K C O R A M
G O U K N V O T D N A L K S Y T
E E R Z C W K A N D L M M D J H
G G Z G A D N L I U K I Y C Y M
N D Y F E V H I C R B A B M I A
E G Y P T E N E A A E N N Y C M
W I N D J Z E N R S L I E A E A
Y H I J M K I C A Z G T Z N D N
L K Y R I T D C G H I N U B K A
F O D A V M N O U P E E P K X P
V K M R G I I V A O N G W P M W
B R A S I L I E N L B R U U E E
E C U A D O R O U E A A T A Y C
M A L I I C J S J N I J R S X H
```

TYSKLAND           INDIEN
ARGENTINA          ITALIEN
BELGIEN            LIBYEN
BRASILIEN          MALI
KANADA             MAROCKO
ECUADOR            NICARAGUA
EGYPTEN            NORGE
SPANIEN            PANAMA
FILIPPINERNA       POLEN
HONDURAS           VENEZUELA

# 23 - Mitología

```
U S A C H L Y J V N S T L K L S
E V Y P H L Å V T M Z R A A E T
E A Y J Y I S G X G T O B T G Y
W R U T L U K X Z N S F Y A E R
E T L Ä J H A E D N X K R S N K
O S M O H K U F T V S R I T D A
G J O E D N E E T E B W N R N B
L U N R P Ö L W J V K T T O M L
I K S A T U D R F V A H L F Ä I
U A T G M B M L T U C R E I H X
B X E I Z M K E I C W L E W E T
F J R R S X I R E G J C P L X X
M W C K D Ö D L I G H X X V S M
H I M M E L V N P Y T E K R A E
S K A P A N D E T D M Y T I U T
Y D H W V M A T B X V L S H W O
```

ARKETYP
SVARTSJUKA
HIMMEL
BETEENDE
SKAPANDE
TRO
VARELSE
KULTUR
KATASTROF
STYRKA

KRIGARE
HJÄLTE
ODÖDLIGHET
LABYRINT
LEGEND
MONSTER
DÖDLIG
BLIXT
ÅSKA
HÄMND

# 24 - Ecología

```
E S W E L B R M E F T P Z R W G
K E S Z C G S G I L R U T A N Z
B E P N I Z L U T O V N N T O F
M E D E L I B K B R Y Ö A X D H
M Å N G F A L D Ä A K V N T I R
N A G I L L I V I R F E U Z U W
L I V S M I L J Ö J R R A C H R
D Z G F S G L O B A L L F F Å M
A N O I T A T E G E V E P P L M
T O R K A N M S C E O V V K L X
A R T L R T Y H C D G N Ä M B N
M S K R F T X M Ä A V A X Z A Z
I D D E W R I A M L I D T N R N
L S R W E U N R G H L M E D F N
K M D X S V L I Y R P E R I G F
B L D T N D I N W H X U N T T C
```

KLIMAT  
SAMHÄLLEN  
MÅNGFALD  
ART  
FAUNA  
FLORA  
GLOBAL  
LIVSMILJÖ  
MARIN  
NATURLIG  

NATUR  
KÄRR  
VÄXTER  
MEDEL  
TORKA  
HÅLLBAR  
ÖVERLEVNAD  
MÄNGD  
VEGETATION  
FRIVILLIGA

# 25 - Casa

```
B O R Z G E T R M L V R V Z E T
C I G P O M V E U A X Ä M L M R
J D B Y L U V X C M D G G O E Ä
M D P L V R R Ö D P I U G G K D
E J A E I V U V N A R K S P Ö G
W I P G N O D B I I B O G C K Å
O U I E T S T A V K V A S T H R
Y A A P C V X E G A R A G K B D
Z F B S Z A C Z K T W H O Ä K T
S K O R S T E N M P F E H L L I
S T A K E T T J W U H J V L A N
M J A S A A R C E B B S G A E B
M F J B U M F Ö N S T E R R O G
B D P T K I J T I W J C D E L J
J R T X K G D U T J Y A L E O A
N C W S E B R Z M D T S J X V L
```

| | |
|---|---|
| MATTA | KRAN |
| VIND | TRÄDGÅRD |
| BIBLIOTEK | LAMPA |
| SKORSTEN | VÄGG |
| KÖK | GOLV |
| SOVRUM | DÖRR |
| DUSCH | KÄLLARE |
| KVAST | TAK |
| SPEGEL | STAKET |
| GARAGE | FÖNSTER |

# 26 - Salud y Bienestar #2

```
T  Z  C  G  M  V  B  F  R  I  S  K  A  S  A  P
S  G  Y  G  A  A  L  O  L  Y  T  J  Y  C  L  Å
E  E  G  N  I  N  T  M  Ä  H  R  E  T  Å  L  F
O  A  O  P  S  L  A  S  L  W  W  X  I  D  E  R
S  B  X  D  B  J  V  U  M  B  F  E  T  K  R  E
N  Ä  R  I  N  G  U  H  F  Ä  O  K  P  S  G  S
Y  Y  B  E  O  D  V  K  O  G  L  I  A  U  I  T
B  L  O  D  X  I  I  U  D  N  C  T  K  I  V  N
K  O  S  T  L  X  T  J  A  O  S  E  N  Y  G  I
E  N  E  R  G  I  A  S  Z  I  M  N  E  I  S  N
G  H  K  T  U  M  M  N  N  T  S  E  I  R  N  G
A  V  F  A  V  O  I  V  E  K  V  G  G  O  G  G
S  J  P  R  V  T  N  R  K  E  I  J  Y  L  U  B
S  M  K  M  L  A  K  P  F  F  L  V  H  A  K  X
A  U  X  X  G  N  Z  S  O  N  U  B  W  K  A  R
M  G  M  C  G  A  C  H  H  I  N  P  C  T  K  P
```

| | |
|---|---|
| ALLERGI | HYGIEN |
| ANATOMI | SJUKHUS |
| APTIT | INFEKTION |
| KALORI | MASSAGE |
| KOST | NÄRING |
| MATSMÄLTNING | VIKT |
| ENERGI | ÅTERHÄMTNING |
| SJUKDOM | FRISKA |
| PÅFRESTNING | BLOD |
| GENETIK | VITAMIN |

# 27 - Selva Tropical

```
Z A W C P M H V Ä R D E F U L L
C S U P G G I U J U N W H F A Y
M S T D F P Y U H D F I F D M R
J O F P G J B S Y L Å F U Ä F R
I M L V Z B D H F A G R O G I B
Ö B W N P X X J M F L G N G B E
Y V G R W R T V U G A K X D I V
T K E P S E R L U N R S A J E A
O N W R U T A N I Å G M R U R R
T A M I L K O K X M U E T R R A
W P L L N E E K N Z H H L G J N
H I P M B S V B O T A N I S K D
R I U P Z N M N M X J I E R L E
Y Y H K G I M P A K S N E M E G
T I L L F L Y K T D T B E A C Z
R E S T A U R E R I N G J C N E
```

AMFIBIER
BOTANISK
KLIMAT
GEMENSKAP
MÅNGFALD
ART
INHEMSK
INSEKTER
DÄGGDJUR
MOSSA

NATUR
MOLN
FÅGLAR
BEVARANDE
TILLFLYKT
RESPEKT
RESTAURERING
DJUNGEL
ÖVERLEVNAD
VÄRDEFULL

# 28 - Adjetivos #1

```
A C L O A U O A F B C M I M A U
G M D K R K B Y K Z C Y U Ö T X
H S B G H P T K E F R E P R T L
T K W I X W B I A N U B T K R Z
U P S D T U N X V U G F U S A A
N A T L L I J C V I R G N N K L
G U O Y Y J Ö M I E N O R M T L
A G R K G N U S K V D M E V I V
R E K S I E P S T C X J D Ä V A
O N H O L L A I U T F O R G R
M E H Z R K T W G L O F M D M L
A R B J Ä A B S O L U T H E C I
T Ö L Å N G S A M L D Y N F Z G
I S G K O V D D S Y M Y N U B R
S A X W Y Y U E E X H G Y L L D
K P R X I J F Y B D L M G L D D
```

ABSOLUT
AKTIV
AMBITIÖS
AROMATISK
ATTRAKTIV
LJUS
ENORM
GENERÖS
STOR
ÄRLIG

VIKTIG
OSKYLDIG
UNG
LÅNGSAM
MODERN
MÖRK
PERFEKT
TUNG
ALLVARLIG
VÄRDEFULL

# 29 - Familia

```
B B R O R S O N S G M Z W D A I
A F A R B R O R Y N K O M G H T
R M O D E R N S S Y X V S F G O
N V G V K J R Y K K L A D T C Z
B C P A A C A J O U H H P J E N
A Y C R M T B Y N S F A R A S R
R B A R N D O M B I B Y Z J Z O
N G A T P I L A A N M H H X G R
U Z G C N G I L R E D A F N N B
F X X A X Z W T N X Y T P L P E
A M Z M A V N P U D M R X G N K
R M Z F O U M M H O S Y T G I V
F N K M U R I V V T U D E H A N
A K A K O F M D D T N I R D Y O
R Y M O A R V O O E M E D X W W
F Ö R F A D E R R R E T S Y S C
```

MORMOR          MODERNS
FARFAR          BARNBARN
FÖRFADER        BARN
FRU             FAR
SYSTER          FADERLIG
BROR            KUSIN
DOTTER          SYSKONBARN
BARNDOM         BRORSON
MOR             MOSTER
MAKE            FARBROR

# 30 - Disciplinas Científicas

```
P  W  B  B  F  A  G  J  M  A  G  H  K  X  N  A
S  T  O  I  Y  R  E  X  I  R  N  V  D  W  P  E
Y  A  T  O  S  K  O  V  N  Y  A  A  D  B  W  W
K  Z  A  K  I  E  L  W  E  J  G  O  T  X  K  M
O  D  N  E  O  O  O  J  R  I  G  O  L  O  I  B
L  W  I  M  L  L  G  I  A  N  V  B  T  L  M  K
O  K  K  I  O  O  I  J  L  G  A  W  G  S  A  I
G  P  E  N  G  G  I  G  O  L  O  R  U  E  N  T
I  B  V  M  I  I  G  O  G  D  M  D  W  M  Y  S
J  R  S  K  I  T  O  K  I  N  A  K  E  M  D  I
I  M  M  U  N  O  L  O  G  I  Z  C  E  D  O  V
Z  R  D  U  I  G  O  L  O  I  C  O  S  W  M  G
A  P  T  E  M  T  K  Z  O  O  L  O  G  I  R  N
L  A  D  N  L  N  E  J  S  T  O  C  V  A  E  I
X  F  J  I  A  S  T  R  O  N  O  M  I  A  T  L
S  O  V  U  M  E  T  E  O  R  O  L  O  G  I  G
```

| | |
|---|---|
| ANATOMI | LINGVISTIK |
| ARKEOLOGI | MEKANIK |
| ASTRONOMI | METEOROLOGI |
| BIOLOGI | MINERALOGI |
| BIOKEMI | NEUROLOGI |
| BOTANIK | PSYKOLOGI |
| EKOLOGI | KEMI |
| FYSIOLOGI | SOCIOLOGI |
| GEOLOGI | TERMODYNAMIK |
| IMMUNOLOGI | ZOOLOGI |

# 31 - Cocina

```
R  V  C  B  P  D  Z  L  N  K  N  I  V  A  R  K
A  E  A  S  O  B  Y  T  W  R  R  Y  Y  Y  B  A
P  L  C  T  D  Z  X  I  J  U  X  T  A  D  L  N
P  S  R  E  T  I  N  S  T  B  C  A  W  J  K  N
O  S  J  C  P  E  W  L  V  X  Y  U  G  N  Y  A
K  U  L  C  T  T  N  Å  L  O  B  O  M  G  L  G
C  I  Z  R  G  Z  T  K  B  T  F  P  M  A  S  W
J  G  Y  I  M  Z  M  S  O  W  B  M  X  F  K  K
Ä  T  P  I  N  N  A  R  G  K  J  G  W  F  Å  L
K  R  Y  D  D  O  R  R  F  M  A  B  W  L  P  X
A  M  V  U  S  G  R  I  L  L  I  R  C  A  K  C
S  H  B  D  K  Y  B  O  L  G  U  W  E  R  G  S
X  T  T  E  V  R  E  S  G  W  V  B  B  G  V
B  A  M  A  D  J  D  F  X  U  I  I  B  F  A
M  D  P  M  A  V  S  J  E  J  E  A  A  U  M  M
G  A  Z  Y  R  F  Ö  R  K  L  Ä  D  E  E  L  R
```

| | |
|---|---|
| VATTENKOKARE | KANNA |
| MAT | ÄTPINNAR |
| FRYS | GRILL |
| SKEDAR | RECEPT |
| SLEV | KYLSKÅP |
| KNIVAR | SERVETT |
| FÖRKLÄDE | BURK |
| KRYDDOR | KOPPAR |
| SVAMP | SKÅL |
| UGN | GAFFLAR |

# 32 - Moda

```
B G Z H P E V K A P X H M U P M
K R S O F I S T I K E R A D B O
L Y O J N A M O H Z I V S Z K D
Ä D K D L M M Ä T N I N G A R E
D T S I E V Ö H V E R U Y G G R
E E I K R V N K G L D L G A N
R X T Y N L I T S Y K E B C V Y
B T S T E P S T I T X N G L D H
O U I T R E N D T T E H H A C V
U R L U Ä V C O K S M R N N W
T S A U P X K K A N M H V I W T
I A M G P J E J R E K K L G S B
Q G I L A W D C P F X Z O I X J
U U N K N L P K A O A C W R Y D
E H I X K G S G A B H F H O M V
I Y M D O J G S G I M S B D G V
```

BRODERI
KNAPPAR
BOUTIQUE
DYR
ELEGANT
SPETS
STIL
MÄTNINGAR
MINIMALISTISK
MODERN

BLYGSAM
ORIGINAL
MÖNSTER
PRAKTISK
KLÄDER
ENKEL
SOFISTIKERAD
TYG
TREND
TEXTUR

# 33 - Electricidad

```
G L U T T A G N I R G A L H G A
T E A P O S I T I V T C L U L N
P R N S U F R K R E V T Ä N Ö E
I B Å E E C W E E O J E E O D G
Y M Z D R R X J T B X N L F L A
K A B E L A E B T E R G E E A T
W E F N L H T O A A Y A K L M I
E R V K D Z A O B U R M T E P V
O G I N F P H M R G T Z R T A D
F N K V A N T I T E T C I U P U
U T R U S T N I N G L S K J M R
W W I E L E K T R I S K E U A K
D F B P N Z K E T O T T R N L Y
I K C N T P S T Y C J C G K A U
R W D D U Y F T B W R N C R B J
C B S N B S A R R G B R F T H W
```

LAGRING
BATTERI
GLÖDLAMPA
KABEL
TRÅD
KVANTITET
ELEKTRIKER
ELEKTRISK
UTTAG
UTRUSTNING

GENERATOR
MAGNET
LAMPA
LASER
NEGATIV
OBJEKT
POSITIV
NÄTVERK
TV
TELEFON

# 34 - Salud y Bienestar #1

```
I  W  Z  M  P  V  H  A  A  I  A  W  A  C  V  R
M  O  J  T  W  I  G  L  V  D  E  R  Y  R  A  T
V  T  W  M  V  S  B  B  K  O  D  I  I  E  N  V
G  C  K  F  I  F  F  A  O  W  Y  N  B  F  A  N
F  R  A  K  T  U  R  K  P  K  D  S  E  L  M  X
H  J  J  V  K  R  E  T  P  R  B  U  H  E  E  G
K  Å  M  Y  A  I  G  E  L  J  G  M  A  X  D  H
Y  V  L  L  D  B  N  R  I  J  K  U  N  A  I  M
L  Y  C  L  T  S  U  I  N  D  J  R  D  H  C  U
Ä  I  S  G  N  E  H  E  G  G  K  E  L  Ö  I  S
K  H  X  W  S  I  R  K  L  B  E  N  I  J  N  K
A  G  U  N  W  V  N  A  O  B  T  O  N  D  R  L
R  Y  D  D  S  Y  R  G  P  X  O  M  G  X  A  E
E  V  I  R  U  S  V  W  L  I  P  R  P  G  D  R
R  K  L  I  N  I  K  C  Y  P  A  O  V  P  J  M
D  P  Y  X  H  C  V  B  S  M  T  H  S  A  B  W
```

| | |
|---|---|
| AKTIV | BEN |
| HÖJD | MEDICIN |
| BAKTERIE | MUSKLER |
| KLINIK | HUD |
| LÄKARE | HÅLLNING |
| APOTEK | REFLEX |
| FRAKTUR | AVKOPPLING |
| HUNGER | TERAPI |
| VANA | BEHANDLING |
| HORMONER | VIRUS |

# 35 - Adjetivos #2

```
A N B R W Y T L Ä T L I G W K A
N A L E K F D F R I S K A W Ä S
S T L A S H R K N O U R G T N P
V U Y T D K S I T A M A R D D H
A R T D I S R V X O Z T T Ö R T
R L O S L S E I T M G S L Z O R
I I R H J T M T V I T A E R K K
G G R I P U H K L A U A I T U D
V G T L O T S U Y K N E U F N Z
Y C N Z T P V D H M X D G P R V
H W A O C K C O C O F R E I M J
C E G A R B C R L T B F N I Y N
B I E H P M J P C L R T Ä W Z Z
U V L S N D A D D Y R K F R M G
T L E P T Z R L S N F O E J S O
I N T R E S S A N T P K X P T K
```

| | |
|---|---|
| TRÖTT | NATURLIG |
| ÄTLIG | NORMAL |
| KREATIV | NY |
| BESKRIVANDE | STOLT |
| DRAMATISK | KRYDDAD |
| ELEGANT | PRODUKTIV |
| KÄND | ANSVARIG |
| FÄRSK | SALT |
| STARK | FRISKA |
| INTRESSANT | TORR |

# 36 - Cuerpo Humano

```
H O E E Y P N W N W H V I F P B
H V S F L U V D D T O G Z I U K
U F X F E W X X Z E B D B N U M
D A X E L B H A Y S V X E G J C
E S H C F Z E T G R N D Z E J T
L X W I H X E P Y I T H K R D E
T E H C K F M P C I B L O D W N
O Z L U X U C I I J J Y K H S A
F H N T V N D Z Ö B N I I J H X
L Y J E U U V M G Z L N X Ä A J
A O S Ä V N D S A N D L W R K W
J M L I R F G L E B B E N T A E
O G S O X N C A K W K N Ä A R Z
N Ä S A D N A H S K U E T P Ö K
A N S I K T E G Å B M R A M S C
U V I G A N V N S A J S W F J X
```

HAKA        TUNGA
MUN         HAND
HUVUD       NÄSA
ANSIKTE     ÖGA
HJÄRNA      ÖRA
ARMBÅGE     HUD
HJÄRTA      BEN
HALS        KNÄ
FINGER      BLOD
AXEL        FOTLED

# 37 - Calentamiento Global

```
P  K  K  O  N  S  E  K  V  E  N  S  E  R  R  L
M  Ä  N  N  I  S  K  O  R  N  F  S  Z  V  F  T
J  F  U  E  K  S  I  T  K  R  A  O  V  Z  U  V
H  R  J  T  E  H  M  A  S  K  R  Ä  M  P  P  U
M  A  F  V  V  C  F  M  A  E  T  O  F  O  R  S
M  M  N  I  J  E  J  I  U  Y  E  H  O  P  E  J
F  T  O  M  N  O  C  L  H  A  Z  M  R  L  R  Z
X  I  T  C  K  D  B  K  Y  E  K  P  S  N  U  H
N  D  I  G  A  O  U  P  L  H  K  P  K  K  T  S
B  U  I  W  L  U  X  S  R  I  T  A  A  T  A  D
E  N  E  R  G  I  M  A  T  U  N  I  R  X  R  B
R  E  G  E  R  I  N  G  V  R  I  G  E  L  E  A
Z  L  V  I  Z  M  I  L  J  Ö  I  C  H  N  P  C
B  E  F  O  L  K  N  I  N  G  A  R  W  V  M  H
K  R  I  S  G  E  N  E  R  A  T  I  O  N  E  R
L  A  G  S  T  I  F  T  N  I  N  G  X  Z  T  F
```

| | |
|---|---|
| NU | ENERGI |
| MILJÖ | FRAMTID |
| UPPMÄRKSAMHET | GAS |
| ARKTISK | GENERATIONER |
| FORSKARE | REGERING |
| KLIMAT | MÄNNISKOR |
| KONSEKVENSER | INDUSTRI |
| KRIS | LAGSTIFTNING |
| DATA | BEFOLKNINGAR |
| UTVECKLING | TEMPERATURER |

# 38 - Ciencia

```
V C A F K Y G L A T A D Y K U U
K A E S O B I J T I U T Z Z W E
I J N T N S O M O M K R V U V I
K L I M A T S U M S E T O P Y H
A U V E Z B K I S Y F T N T O M
W W X Z W G R L K M M O Y R O
A E R A K S R O F E E M I D G L
P A X O L C U T L M A O T F A E
U A N N D I Z A W I F V U C N K
U A R C C U R R I S W H L J I Y
D M U T K A F O V K S Y O T S L
V A T H I Z I B A T V N V A M E
D S A G C K P A P M X W E R A R
F H N U U L L L V Ä X T E R B D
K K L O R E L A R E N I M H R W
Z H L A C J U Y R A V L L A C M
```

| | |
|---|---|
| ATOM | LABORATORIUM |
| FORSKARE | METOD |
| KLIMAT | MINERALER |
| DATA | MOLEKYLER |
| EVOLUTION | NATUR |
| FYSIK | ORGANISM |
| FOSSIL | PARTIKLAR |
| ALLVAR | VÄXTER |
| FAKTUM | KEMISK |
| HYPOTES | |

# 39 - Restaurante #2

```
J R S K F Z W N K O W I K D W D
J E G O P K D U S A J Y R O L R
J K S O P P A D I N K U Y B I Y
S A L L A D R L F K P A D M V C
Z S R W U M U A O M U Y D N K K
R N T C Z Z W R I L H J O R R W
V Ö C Z U H B F U N A C R G Z S
A R E J G K Y M B Y B R D V D T
T G V L L E W D X V A T T E N O
I I S X R M V H C N U L J E K L
T S K W H A Z Z Z K L A S I L S
M C D R F W S R V B U S M Y Ä T
Y F Y W O B S R U F H B D V C E
G A F F E L S E R V I T Ö R K J
S G A D D I M D G G D X A G E U
P F Ä F R U K T M K N C L S R Z
```

| | |
|---|---|
| VATTEN | FRUKT |
| LUNCH | IS |
| DRYCK | ÄGG |
| SERVITÖR | KAKA |
| MIDDAG | FISK |
| SKED | SALT |
| LÄCKER | STOL |
| SALLAD | SOPPA |
| KRYDDOR | GAFFEL |
| NUDLAR | GRÖNSAKER |

# 40 - Profesiones #1

```
K  I  D  S  V  P  R  R  V  C  H  P  E  X  A
A  D  A  E  E  K  E  J  Ö  U  T  N  N  D  J  S
R  R  N  B  T  T  D  U  E  R  A  N  Ä  R  T  T
T  O  S  A  E  R  A  V  R  X  M  F  L  C  E  R
O  T  A  N  R  U  K  E  A  M  V  O  Y  N  X  O
G  T  R  K  I  G  T  L  K  D  L  E  K  D  H  N
R  A  E  I  N  O  Ö  E  Ä  P  V  G  H  A  X  O
A  R  P  R  Ä  L  R  R  L  I  Z  O  D  J  R  M
F  E  Y  Z  R  O  C  A  U  A  G  L  K  N  L  E
M  U  S  I  K  E  R  R  X  N  A  O  H  A  I  R
P  S  U  W  C  G  Y  E  K  I  Z  K  P  M  T  A
Z  M  G  U  W  S  X  M  S  S  X  Y  H  D  V  G
O  D  B  Z  B  G  R  O  I  T  R  S  V  N  G  Ä
A  M  B  A  S  S  A  D  Ö  R  C  P  D  A  T  J
S  J  U  K  S  K  Ö  T  E  R  S  K  A  R  N  S
C  S  U  N  S  S  G  H  T  C  C  S  N  B  C  I
```

| | |
|---|---|
| ADVOKAT | AMBASSADÖR |
| ASTRONOM | SJUKSKÖTERSKA |
| IDROTTARE | TRÄNARE |
| DANSARE | RÖRMOKARE |
| BANKIR | GEOLOG |
| BRANDMAN | JUVELERARE |
| KARTOGRAF | MUSIKER |
| JÄGARE | PIANIST |
| LÄKARE | PSYKOLOG |
| REDAKTÖR | VETERINÄR |

# 41 - Vehículos

```
F B O B I P F L S N A L U B M A
F L F I X D L A Z K J Y G P E Z
M R O L L G Y S I Z Y E H K P C
O A A T C W G T B Z T T E K A R
T C G Å T F P B I J C I T L K Y
O S K B M E L I X A T J S E V K
R M O W C J A L L N B V J H L U
K O B U S S N F S A S S C E E U
U V T J N K E E H B J T K L K L
G O S K G B X W Z L V B L I Y P
S Y W D A W R K K E R M A K C U
R Y G Ä V R R W T N S R D O L F
A J W C S E T N O N F F N P D V
R S U K U T E O R U B Å T T B L
J L S M H B M N W T U F E E I B
W X E A E B M X B F M A J R Ä F
```

AMBULANS
BUSS
FLYGPLAN
FLOTTE
BÅT
CYKEL
LASTBIL
HUSVAGN
BIL
RAKET

FÄRJA
HELIKOPTER
SKYTTEL
TUNNELBANA
MOTOR
DÄCK
UBÅT
TAXI
TRAKTOR
TÅG

# 42 - Geometría

```
T P H N L D H K H M D E D B T V
T Y D S K L D Ö M Y H K I E S I
P H B R U D K C J H H V M R S N
C A T Y R Y I B O D J A E Ä Y K
V R R D V I G A O A L T N K M E
E F C A A H O T M N L I S N M L
R F U S L P L F W E E O I I E G
T I R S E L Y R Z M T N O N T E
I S B A D J E I O E N E N G R P
K S F M N K T L T D O I R A I U
A F F J A P N S L I S J J D R G
L K E D B L E G N A I R T C O Y
J A U F A M M B A N R K F O E O
E G E N Z P G W J W O E K Y T I
J N O F H F E K T L H Y A M D A
H Y F B J O S Z H I E L C V B D
```

HÖJD
VINKEL
BERÄKNING
KURVA
DIAMETER
DIMENSION
EKVATION
HORISONTELL
LOGIK
MASSA

MEDIAN
SIFFRA
PARALLELL
ANDEL
SEGMENT
SYMMETRI
YTA
TEORI
TRIANGEL
VERTIKAL

# 43 - Vacaciones #2

```
H  R  W  K  F  T  F  C  R  Y  V  B  K  I  F  R
O  F  R  S  L  R  R  O  E  S  K  J  H  S  O  E
T  W  K  J  Y  A  I  L  S  S  A  P  G  Å  T  S
E  H  A  P  G  N  T  Z  T  C  T  H  D  V  O  E
L  H  A  V  P  S  I  H  A  M  R  W  I  D  N  R
L  F  R  L  L  P  D  N  U  T  A  H  R  L  A  V
S  L  N  K  A  O  Y  J  R  X  K  R  E  T  H  A
C  B  O  R  T  R  A  Z  A  W  Z  E  T  D  T  T
W  T  I  F  S  T  L  D  N  A  R  T  S  K  Ä  I
V  I  S  U  M  G  C  X  G  E  Y  S  E  T  L  O
U  T  L  Ä  N  N  I  N  G  L  Z  R  M  N  T  N
T  D  E  S  T  I  N  A  T  I  O  N  E  Z  X  E
P  A  O  L  J  G  U  B  G  J  V  G  S  S  B  R
N  I  X  C  T  K  R  H  O  N  X  M  F  S  A  X
S  B  F  I  I  D  L  A  T  F  G  X  E  B  P  Z
C  M  E  U  Ö  V  U  O  M  W  F  R  X  V  H  R
```

| | |
|---|---|
| FLYGPLATS | STRAND |
| TÄLT | RESERVATIONER |
| DESTINATION | RESTAURANG |
| UTLÄNNING | TAXI |
| FOTON | TRANSPORT |
| HOTELL | TÅG |
| KARTA | SEMESTER |
| HAV | RESA |
| FRITID | VISUM |
| PASS | |

# 44 - Baile

```
R M U S I K V I S U E L L Z K U
E G S K O R E O G R A F I Y U G
P A X A T N N X K E L F M D L H
E Z G O U F J K V M S I E D T F
T W F H D E A G R A N T D P U M
I B J J I B S R N O Ä N A L R M
T F T V L D J I X P K N K T E K
I J X M E X V R Y T M E A K L U
O R K X S H O P P A T H I Y L L
N A S L L U F S K C Y R T T U T
Y R I B E L V X S W V E Y I X U
J Z S T R A D I T I O N E L L R
M D S Z Ö R Z Å S P F T A M N J
C I A J R Z U E N I W R C L L M
H Å L L N I N G O G V A V D H O
B N K J G P R I K I Y P P O R K
```

| | |
|---|---|
| AKADEMI | UTTRYCKSFULL |
| GLAD | NÅD |
| KONST | RÖRELSE |
| KLASSISK | MUSIK |
| KOREOGRAFI | HÅLLNING |
| KROPP | RYTM |
| KULTUR | HOPPA |
| KULTURELL | PARTNER |
| KÄNSLA | TRADITIONELL |
| REPETITION | VISUELL |

# 45 - Matemáticas

```
J  L  P  X  F  T  G  S  K  K  E  V  O  H  C  O
F  F  D  Y  C  L  L  E  G  N  A  T  K  E  R  I
G  S  T  E  R  K  M  O  O  M  G  S  H  E  T  E
B  V  A  C  Y  I  U  L  O  M  Y  L  O  V  E  F
H  L  L  E  L  L  A  R  A  P  E  W  G  I  U  Z
Y  P  D  I  A  M  E  T  E  R  F  T  E  M  O  A
C  X  J  S  E  K  R  R  K  F  N  W  R  U  H  R
P  W  H  F  T  Z  Z  A  U  M  M  O  B  I  B  I
S  O  C  H  H  L  I  D  V  I  N  K  L  A  R  T
S  F  L  X  Z  Z  Z  I  R  T  E  M  M  Y  S  M
N  V  Ä  Y  S  F  F  E  P  V  W  I  A  F  L  E
X  G  C  R  G  E  V  I  N  K  E  L  R  Ä  T  T
L  C  R  R  R  O  E  X  P  O  N  E  N  T  Z  I
T  A  Y  Z  O  D  N  T  R  I  A  N  G  E  L  S
F  R  A  K  T  I  O  N  Z  N  H  O  T  Y  D  K
E  K  V  A  T  I  O  N  A  D  E  C  I  M  A  L
```

| | |
|---|---|
| ARITMETISK | GEOMETRI |
| VINKLAR | TAL |
| OMKRETS | PARALLELL |
| TORG | VINKELRÄT |
| DECIMAL | POLYGON |
| DIAMETER | RADIE |
| EKVATION | REKTANGEL |
| SFÄR | SYMMETRI |
| EXPONENT | TRIANGEL |
| FRAKTION | VOLYM |

# 46 - Profesiones #2

```
I  K  A  L  P  F  O  T  O  G  R  A  F  H  U  F
C  I  E  Ä  A  I  O  S  S  O  J  C  J  S  P  I
L  R  J  K  S  P  L  C  U  L  R  L  Y  L  P  L
L  U  T  A  T  U  U  O  T  O  O  H  B  Y  F  O
C  R  S  R  R  N  E  U  T  I  V  L  Z  H  I  S
Z  G  I  E  O  I  A  H  T  B  J  F  H  I  N  O
B  J  V  W  N  L  I  N  G  E  N  J  Ö  R  N  F
H  O  G  J  A  L  D  M  S  D  S  M  L  Z  A  F
G  R  N  V  U  U  B  E  V  R  C  Y  Ä  O  R  O
B  H  I  D  T  S  Y  H  T  O  R  K  R  O  E  R
N  O  L  Y  E  T  G  V  O  E  Y  A  A  L  R  S
P  L  P  U  A  R  W  F  L  U  K  L  R  O  A  K
D  T  S  I  L  A  N  R  U  O  J  T  E  G  L  A
O  V  J  U  J  T  S  E  E  K  I  F  I  L  Å  R
W  H  G  P  D  Ö  L  T  N  H  H  R  X  V  M  E
A  U  F  E  E  R  A  K  Ä  L  D  N  A  T  Z  K
```

BONDE
ASTRONAUT
BIOLOG
KIRURG
TANDLÄKARE
DETEKTIV
FILOSOF
FOTOGRAF
ILLUSTRATÖR
INGENJÖR

UPPFINNARE
FORSKARE
LINGVIST
LÄKARE
JOURNALIST
PILOT
MÅLARE
LÄRARE
ZOOLOG

# 47 - Senderismo

```
A I D O B S Z N C A F F G N Z L
S N R V R U T A N E T T A V K I
X T A P P I L K B E R G S P L A
A T E V E N E T A X W N O F I N
M Ö G N I Y M N L A F U K R M T
A R M R A L V Ö T S K T S O A K
N T R G N R D A L E L T D H T T
V U N G A X A K T H R J T U K O
V D O I E A J I O P D I W H A P
D P C N L O U O V U J O N B R P
C A M P I N G G Y M U A T G T M
V C A H P A R K E R R M M M A Ö
F F Ö R B E R E D E L S E C U T
E H G K O P N H I N O Z H H O E
L R J Z M L P O U T S T I X R T
M A B V Z T G I G I P J A U G C
```

| | |
|---|---|
| KLIPPA | BERG |
| VATTEN | MYGG |
| DJUR | NATUR |
| STÖVLAR | ORIENTERING |
| CAMPING | PARKER |
| TRÖTT | TUNG |
| KLIMAT | STENAR |
| TOPPMÖTE | FÖRBEREDELSE |
| GUIDE | VILD |
| KARTA | SOL |

# 48 - Naturaleza

```
S F R I S T A D O L F A M M I D
K F U I H W M L C O I H O N T B
O S K Y D D K I S Y F W L K P G
G U E X D R J V B P K G N E K Ö
B I D W G J G X E D V O U K A M
T S N O I S O R E Y L U E O Z G
M F A O L Z F K C F Z J J O E I
Z F R B D L T U C A H P O S G X
U K Ö T E H N Ö K S R L U G N D
G U G F R J J L T L U K Y F H Z
I L V Y F O P M H Y J R T W K T
S B A I I U P M W N D E E I G S
N Y T C K H H I U Z O A F X S T
B I N F I W H K S I M A N Y D K
K H N X W Ä G E Y K F S U U L D
G C D S H G R L Ö V V E R K V R
```

| | |
|---|---|
| BIN | DIMMA |
| DJUR | MOLN |
| ARKTISK | FREDLIG |
| SKÖNHET | SKYDD |
| SKOG | FLOD |
| ÖKEN | VILD |
| DYNAMISK | FRISTAD |
| EROSION | LUGN |
| LÖVVERK | TROPISK |
| GLACIÄR | AVGÖRANDE |

# 49 - Conduciendo

```
D T A G K Y N P P N E L N K B T
H N R K A C Y V M Z A R K O J B
K I F A R T F A M B S G R U P R
V V Y K N I T K G J X R L T O Ä
K A R T A S N E C I L M R O L N
T W P E P A P B R K R L O P I S
S S J G V G P O L H M A F T S L
F A R A L V Y I R V G S O K O E
T E H R E K Ä S E T A T H C F R
B U S A O L Y C K A T B T L V C
R E N G J C K J P I A I B D H S
O N X N T T P V A G C L Y Z O D
M C H W E H A S T I G H E T O X
S O R Y S L E K Y C R O T O M Z
A T Z C C I F O T G Ä N G A R E
R X P K V B S B E B P N V C N T
```

| | |
|---|---|
| OLYCKA | MOTORCYKEL |
| GATA | MOTOR |
| LASTBIL | FOTGÄNGARE |
| BIL | FARA |
| BRÄNSLE | POLIS |
| BROMSAR | SÄKERHET |
| GARAGE | TRANSPORT |
| GAS | TRAFIK |
| LICENS | TUNNEL |
| KARTA | HASTIGHET |

# 50 - Ballet

```
B A L L E R I N A U L N I U G K
R E P E T I T I O N N R S T I O
B L N J X O I M U S I K J T K R
R E T S E K R O E G S R D R O E
Y R C L X Z F B S G E S T Y M O
T E H G I D R Ä F F W Y O C P G
M D I R L T V H T V V D U K O R
G Å W N T I S N X D J W W S S A
J L S A T M U S K L E R B F I F
M P G H R E N O I T K E L U T I
V P U L K I N K E T X Z V L Ö O
Y A Y K B C A S D K X J K L R D
I J D J V X L K I L B U P W V E
Ö R W G I L R Ä N T S N O K Y T
F V A N Y Z R O M C E H O X R W
E R A S N A D G B B C T F J C O
```

APPLÅDER          GEST
KONSTNÄRLIG       FÄRDIGHET
PUBLIK            INTENSITET
BALLERINA         LEKTIONER
DANSARE           MUSKLER
KOMPOSITÖR        MUSIK
KOREOGRAFI        ORKESTER
REPETITION        ÖVA
STIL              RYTM
UTTRYCKSFULL      TEKNIK

# 51 - Fuerza y Gravedad

```
S  H  A  L  E  F  M  P  L  A  N  E  T  E  R  I
V  W  W  B  V  Y  A  D  E  N  E  B  A  E  Z  W
C  T  I  M  F  V  G  P  X  U  G  U  R  V  V  X
P  R  G  D  L  M  N  T  A  N  E  D  I  B  U  C
E  F  F  E  K  T  E  H  R  O  N  C  U  X  T  P
C  N  K  R  I  P  T  N  O  I  S  N  A  P  X  E
D  B  K  A  S  M  I  M  N  T  K  I  V  D  U  H
N  Y  P  S  Y  K  S  W  V  K  A  T  N  Z  X  R
Å  M  N  I  F  G  M  P  K  I  P  T  R  J  K  W
T  A  Z  A  P  X  Y  H  M  R  E  W  K  Y  U  S
S  G  M  O  M  E  O  I  A  F  R  J  V  T  C  Y
V  N  V  X  L  I  U  P  P  T  Ä  C  K  T  I  K
A  I  J  L  L  E  S  R  E  V  I  N  U  G  G  D
Z  T  Y  K  A  L  Z  K  I  N  A  K  E  M  M  E
P  U  G  V  Z  C  E  N  T  R  U  M  F  U  M  T
Y  D  O  M  L  O  P  P  S  B  A  N  A  N  O  F
```

CENTRUM
UPPTÄCKT
DYNAMISK
AVSTÅND
AXEL
EXPANSION
FYSIK
FRIKTION
EFFEKT
MAGNETISM

MAGNITUD
MEKANIK
OMLOPPSBANA
VIKT
PLANETER
TRYCK
EGENSKAPER
TID
UNIVERSELL

# 52 - Aventura

```
D  Ö  V  E  R  R  A  S  K  A  N  D  E  R  K  T
T  E  H  G  I  R  Å  V  S  J  B  H  S  X  M  U
K  J  S  K  N  Y  W  K  E  A  K  A  A  G  V  O
Y  D  T  T  E  H  N  Ö  K  S  Z  K  L  C  P  B
L  Ä  A  G  I  L  R  A  F  K  L  T  F  Z  J  Z
F  L  E  G  V  N  B  W  M  F  Z  I  B  E  V  P
T  G  X  C  O  C  A  S  L  O  B  V  C  K  J  L
U  M  S  A  I  S  U  T  N  E  D  I  D  N  U  G
S  Ä  K  E  R  H  E  T  I  A  H  T  D  E  B  X
R  E  N  N  Ä  V  P  K  R  O  S  E  R  U  U  X
U  E  N  K  O  C  T  Y  O  P  N  T  G  T  Y  J
T  E  S  L  E  D  E  R  E  B  R  Ö  F  R  W  Y
A  L  L  V  C  H  A  N  S  E  S  X  O  Y  D  F
N  R  I  W  Ä  R  R  H  V  W  R  B  M  L  R  U
F  J  O  K  N  G  N  I  R  E  G  I  V  A  N  M
I  J  K  E  U  E  B  X  O  V  A  N  L  I  G  C
```

| | |
|---|---|
| AKTIVITET | NATUR |
| GLÄDJE | NAVIGERING |
| VÄNNER | NY |
| SKÖNHET | CHANS |
| DESTINATION | FARLIG |
| SVÅRIGHET | FÖRBEREDELSE |
| ENTUSIASM | SÄKERHET |
| UTFLYKT | ÖVERRASKANDE |
| OVANLIG | MOD |
| RESVÄG | RESOR |

# 53 - Pájaros

```
F H X A W G S G G H T F U E P R
L V Ö D V J F Ö O N Ä E T A L U
A V A K Å R K K C B R G S I Z O
M I J V L P A K N A Z N E V Y N
I G O A X D B P B R M I N R W H
N W G E S Å G F S Å M L C G E E
G U E S T U R T S V Y K W D H X
O R P V O T O U C A N C C H E U
R X A W R U K I T I H Y U N K S
L W P D K D Y C D T J K N J H R
H N B E H V U V U V A I C U V C
T K M P H Y N I V G N I P Z U Y
Z L N E T K A N A K I L E P T T
R N S O G Y V R W Ä G G L S Y G
F U M J B A S Ö A L K G W D S D
O M X U S K I Y A O R F R L V P
```

STRUTS          SPARV
ÖRN             HÖK
STORK           ÄGG
SVAN            PAPEGOJA
GÖK             DUVA
KRÅKA           ANKA
FLAMINGO        PELIKAN
GÅS             PINGVIN
HÄGER           KYCKLING
MÅS             TOUCAN

# 54 - Geografía

```
C  L  G  U  B  T  J  J  I  H  M  B  K  B  N  Z
J  D  O  L  F  H  Ö  J  D  A  T  S  C  G  P  N
K  R  S  N  E  D  U  H  H  L  O  D  E  L  I  P
K  N  X  Ö  G  B  T  Y  J  V  N  W  E  C  H  Z
O  F  C  B  D  I  D  V  M  K  V  Ä  R  L  D  A
N  E  Z  U  K  E  T  R  K  L  O  M  R  Å  D  E
T  S  Ä  V  Y  A  R  U  W  O  E  S  O  W  N  V
I  A  Y  L  D  J  R  M  D  T  H  C  N  L  A  N
N  L  M  U  I  R  O  T  I  R  R  E  T  L  L  W
E  T  N  U  E  B  F  D  A  R  G  D  D  E  R  B
N  A  V  C  U  E  H  A  V  N  Z  L  Z  G  D  G
T  B  E  R  G  M  E  R  I  D  I  A  N  L  E  Y
D  O  A  K  N  X  G  Y  Z  E  M  H  Y  P  E  D
A  C  N  C  U  Z  O  J  U  W  A  S  P  O  K  S
G  H  I  V  N  O  U  U  E  M  M  F  Z  X  A  M
B  X  D  I  C  Z  K  S  W  C  E  G  U  U  S  V
```

| | |
|---|---|
| HÖJD | BERG |
| ATLAS | VÄRLD |
| STAD | NORR |
| KONTINENT | VÄST |
| HALVKLOT | LAND |
| BREDDGRAD | OMRÅDE |
| LONGITUD | FLOD |
| KARTA | SÖDER |
| HAV | TERRITORIUM |
| MERIDIAN | |

# 55 - Música

```
S H D I E X G Z A S D A X M M P
S D A N O F O R K I M X K H U Z
N E L R P L O J X R W J L H S S
D F L D M D F X V P I Y V A I T
T O A N E O S Å N G A R E R K I
U M B N T G N F Y B R M R M A M
H E K Y P N H I A Z W U Y O L P
C Z Z H C I E O O Z L S T N I R
L J P K V N T M S A N I M I S O
K V S I J L X T U T M K S S K V
R K S I T E O P B R D E Å K B I
A L B U M P P E Y Ö T R N Z V S
I M I A H S G W E K W S G T G E
A W P P T N S J U N G A N Z O R
N I V T G I I R M E L O D I P A
O P E R A C I W K L A S S I S K
```

| | |
|---|---|
| HARMONI | INSTRUMENT |
| HARMONISK | MELODI |
| ALBUM | MIKROFON |
| BALLAD | MUSIKALISK |
| SÅNGARE | MUSIKER |
| SJUNGA | OPERA |
| KLASSISK | POETISK |
| KÖR | RYTM |
| INSPELNING | TEMPO |
| IMPROVISERA | SÅNG |

# 56 - Enfermedad

```
L A S J S T Y W H X J N A N I I
Ä K L A C M J L G J W C K J M N
N S D L P M I I B H Ä W U T M F
D I J F E O E T Y M I R T O U L
R R J G L R K P T M I U T K N A
Y O P I H D G E V S P K P A I M
G T Ä E N J I D E A X F S T M
G A R I O Y K O E W R M V L E A
E R F N F S U T C R E E D Ä T T
N I T P W K R O P P T N F H Z I
Y P L L E N O M L U P R W W E O
K S I T E N E G A V S C U K N N
U E G N E U R O P A T I T W V J
B R Z Z T C Y W S B M L L B P N
W Z D A D X T S M E N F V S U Z
Z U C L L P K S I N O R K M M G
```

| | |
|---|---|
| BUK | BEN |
| AKUT | INFLAMMATION |
| ALLERGIER | IMMUNITET |
| SMITTSAM | LÄNDRYGGEN |
| HJÄRTA | NEUROPATI |
| KRONISK | PULMONELL |
| KROPP | RESPIRATORISK |
| SVAG | HÄLSA |
| GENETISK | SYNDROM |
| ÄRFTLIG | TERAPI |

# 57 - Actividades

```
I  X  W  Y  L  T  N  C  P  H  P  T  G  S  W  V
D  T  E  H  G  I  D  R  Ä  F  L  B  G  T  X  A
I  E  J  A  I  U  K  L  O  P  M  J  H  I  V  N
P  T  Ö  L  L  Z  K  I  M  M  V  R  F  C  V  D
F  I  N  G  E  Y  P  N  J  A  D  G  R  K  I  R
A  V  K  O  P  P  L  I  N  G  G  N  I  N  M  I
R  I  E  K  S  I  F  J  U  V  U  I  T  I  C  N
A  T  K  Z  C  X  N  O  O  K  D  N  I  N  U  G
P  K  W  G  H  Z  G  T  T  P  H  S  D  G  W  L
J  A  K  T  S  N  O  K  R  O  H  Ä  S  E  R  B
Y  E  I  S  Ö  M  N  A  D  E  G  L  E  A  C  P
O  N  M  V  U  L  K  K  N  Z  S  R  F  G  D  U
X  K  A  H  A  N  T  V  E  R  K  S  A  W  N  S
P  K  R  M  Å  L  N  I  N  G  E  X  E  F  T  S
C  X  E  H  P  L  O  S  E  N  F  S  K  N  I  E
M  K  K  W  O  S  U  X  P  W  S  P  C  W  J  L
```

| | |
|---|---|
| AKTIVITET | LÄSNING |
| KONST | MAGI |
| HANTVERK | FRITID |
| JAKT | FISKE |
| KERAMIK | MÅLNING |
| SÖMNAD | NÖJE |
| FOTOGRAFI | AVKOPPLING |
| FÄRDIGHET | PUSSEL |
| INTRESSEN | VANDRING |
| SPEL | STICKNING |

# 58 - Verduras

```
G G E D I E S I T A T O P B S L
S U S Z K G J V S P E N A T A Ö
E F R A V O R U A S A L L A D K
L B O K M M X L T M C X Y R A Ö
L B L C A A I C R O P L A Ä C L
E R Y O T E H L Ä A L N S F A T
R O E K N T O M A T T I J E A I
I C N S A J L I S R E P V G N V
T C A T L M O R O T C R Y N D W
F O Z R P I P L I S B G M I C K
V L U Ä G O T I B R Ä D I S A G
J I C N G L S D X D F S W Y P U
O H M O Ä C M P M N C W M O M U
R Z E R S M Z T O R O B W N U F
H T H K W B D H H S X D H J P X
M I J W X O K Z P K C A O A M B
```

| | |
|---|---|
| VITLÖK | INGEFÄRA |
| KRONÄRTSKOCKA | ROVA |
| SELLERI | OLIV |
| ÄGGPLANTA | POTATIS |
| BROCCOLI | GURKA |
| PUMPA | PERSILJA |
| LÖK | RÄDISA |
| SALLAD | SVAMP |
| SPENAT | TOMAT |
| ÄRTA | MOROT |

# 59 - Instrumentos Musicales

```
M O R I J D C E L L O F B W V W
L U T R U M P E T S R A E H B E
F Z N S T F I L W P R G J N Z O
A B N S J K G M J P T O N C V I
O U Y D P R R A T I G T J E B B
K O U Y J E O B O F U T V G T A
Z F F E V V L T A M B U R I N N
F X I K R G M M A N D O L I N J
N O F O X A S A P R A H T G R O
M U V X L L R W R X V G Z A I C
J C Y H A S O R S I Z F L Ö J T
T R O M B O N W G L M Z W I Z G
K L A R I N E T T X K B F U E O
J Z L A M L W A W V Z R A W G N
P I A N O T R U M M A N W D G G
P Z X N U J E H A B E S X N P K
```

MUNSPEL
HARPA
BANJO
KLARINETT
FAGOTT
FLÖJT
GONG
GITARR
MANDOLIN
MARIMBA

OBOE
TAMBURIN
SLAGVERK
PIANO
SAXOFON
TRUMMA
TROMBON
TRUMPET
FIOL
CELLO

# 60 - Formas

```
S  F  B  D  K  T  K  S  R  S  T  B  G  Z  J  C
K  P  M  C  P  A  V  R  U  K  L  I  I  M  D  L
S  E  F  W  O  D  N  R  Ö  H  N  E  I  Z  I  J
J  L  D  I  L  I  V  T  L  I  E  V  Z  M  M  C
O  L  H  A  Y  S  W  P  E  J  N  I  L  S  A  Z
V  I  G  E  G  Å  B  M  K  R  M  S  F  Ä  R  D
A  P  Z  H  O  K  G  M  R  E  D  N  I  L  Y  C
L  S  K  W  N  R  T  E  I  T  C  G  I  E  P  Z
E  E  L  G  S  K  Y  T  C  T  O  M  N  B  X  L
G  M  G  B  C  K  K  A  M  S  I  R  P  R  Z  Y
N  X  G  N  U  B  U  K  O  N  E  R  G  E  J  X
A  K  C  J  A  X  T  A  K  X  A  L  I  P  N  P
I  G  V  G  F  T  I  V  J  A  N  B  G  Y  A  C
R  P  S  J  T  R  K  Z  X  E  U  X  N  H  G  C
T  X  S  G  L  S  Y  E  B  F  H  B  W  V  K  M
W  U  B  D  M  X  U  L  R  H  I  Z  E  V  D  T
```

| | |
|---|---|
| BÅGE | HÖRN |
| KANTER | HYPERBEL |
| CYLINDER | SIDA |
| CIRKEL | LINJE |
| KON | OVAL |
| TORG | PYRAMID |
| KUB | POLYGON |
| KURVA | PRISMA |
| ELLIPS | REKTANGEL |
| SFÄR | TRIANGEL |

# 61 - Flores

```
J V A L L M O Y N C M N I G V M
F A R E W O L F N O I S S A P T
F C S X T D E N I O M Z O I U T
S P P M P D D N F W I D R L U G
W V W N I H N L I L A P L O P V
V P B A I N E D R A G K O N Z I
Y T X M E B V L U H S L S G O U
T U L P A N A Y W A S Ö K A D M
P Å S K L I L J A K M V V M C K
L T I Y O I O H L G F E E G E R
B T G S U K S I B I H R M Y A O
Z G G V R R I N G B L O M M A N
M A S K R O S O R K I D É H M B
S I O N X T U S E N S K Ö N A L
B U K E T T U J U V V K O X L A
B K N V B D U Y Z I W V M E X D
```

| | |
|---|---|
| VALLMO | MAGNOLIA |
| RINGBLOMMA | TUSENSKÖNA |
| MASKROS | PÅSKLILJA |
| GARDENIA | ORKIDÉ |
| SOLROS | PASSIONFLOWER |
| HIBISKUS | PION |
| JASMIN | KRONBLAD |
| LAVENDEL | BUKETT |
| LILA | KLÖVER |
| LILJA | TULPAN |

# 62 - Astronomía

```
G S T A V T A R R A J I X F A S
I A I I E E S U A C Y O C Ö S U
S I L W X L T R K Y A L A R T P
R A L A C E E T E N A L P M R E
M E E G X S R N T P S S I Ö O R
S Z T P W K O J A Y E R K R N N
U O A I W O I W S R I G B K A O
J M S W D P D G D B X D Z E U V
N O I T A L L E T S N O K L T A
J N R X R L M N L L H F U S R A
I O G D W U V Å Z F C I I E O P
E R U Y E I Y M V K D O M C E Y
H T S T R Å L N I N G W R M T F
F S D A G J Ä M N I N G I H E H
M A K O S M O S N J R W W B M L
O B S E R V A T O R I U M I P R
```

ASTEROID            MÅNE
ASTRONAUT           METEOR
ASTRONOM            OBSERVATORIUM
HIMMEL              PLANET
RAKET               STRÅLNING
KONSTELLATION       SATELLIT
KOSMOS              SUPERNOVA
FÖRMÖRKELSE         TELESKOP
DAGJÄMNING          JORD
GALAX

# 63 - Tiempo

```
Ö  B  D  Å  L  T  I  M  M  E  V  W  M  B  U  B
N  G  A  D  R  Å  R  H  U  N  D  R  A  D  E  H
N  A  O  U  G  T  U  N  I  M  H  S  O  C  J  R
G  A  M  N  T  S  I  C  Z  H  F  X  M  N  U  A
J  K  T  S  B  C  L  O  N  U  A  Å  O  N  R  R
J  C  L  T  V  L  B  K  N  F  K  R  R  A  M  S
W  O  J  K  K  K  I  A  N  D  C  F  G  W  N  C
H  L  B  U  R  A  Y  C  N  A  E  J  O  G  V  U
E  K  Z  Y  F  L  C  W  K  N  V  L  N  F  Y  X
E  M  R  M  Ö  E  M  G  K  Å  Z  B  S  Y  K  G
R  T  W  O  R  N  Z  E  M  M  P  M  E  X  H  N
A  X  O  K  E  D  I  G  Å  R  Å  P  J  B  T  V
W  K  N  H  A  E  X  G  K  U  R  M  O  O  H  O
M  E  J  N  F  R  D  Y  T  S  L  O  Z  G  E  V
M  I  D  D  A  G  F  C  I  P  I  P  M  I  Y  N
F  R  A  M  T  I  D  G  E  G  G  I  D  A  G  Z
```

| | |
|---|---|
| NU | IDAG |
| FÖRE | MORGON |
| ÅRLIG | MIDDAG |
| ÅR | MÅNAD |
| IGÅR | MINUT |
| KALENDER | ÖGONBLICK |
| ÅRTIONDE | NATT |
| DAG | KLOCKA |
| FRAMTID | VECKA |
| TIMME | ÅRHUNDRADE |

# 64 - Paisajes

```
A C A T P F A X B K N T G R E B
D X G O G V L A C L C U R E V N
P E P N B S A O Z C D N O S K G
H C D X M V D A D X F D T J T N
W P I J Z U N C O M S R T E G P
Z D W Y L L A Y L U Y A A G O W
H Ö K E N K R M F Y G N U G A L
D A P I P A T I E S Y A N N K I
O N L A K N S F G G N X E I T X
H P Y V Z R I G L A C I Ä R N C
Y M V Z Ö J S R A W N O T K A G
D M D H X I B M Y J I D R Y D S
M Ö E M U U E P F G O H Ä J W U
Z W T E L N R P P Y S N S H L E
S K B T N G G F N I U B K S A Z
V A T T E N F A L L B N T D K V
```

VATTENFALL          BERG
GROTTA              OAS
ÖKEN                TRÄSK
FLODMYNNING         HALVÖ
GEJSER              STRAND
GLACIÄR             FLOD
ISBERG              TUNDRA
SJÖ                 DAL
LAGUN               VULKAN
HAV

# 65 - Días y Meses

```
O U P A C J L I H I V B M A S L
S K B H B T O R S D A G W U O Ö
H E T N K M B S G A I A D G P R
X F P O U D L O D N S D M U P D
Z M A T B O F N H Å R S Å S G A
X V H I E E H G T M C I N T V G
O R H L R M R A U F T T D I E O
L H P I F U B D I Z P K A L C H
R F G Y V I A E I N U J G U K K
N O V E M B E R R C N X B J A A
I B G M Y M L F A K Y Y T L Z L
W J A N U A R I U W X V Å R M E
O A D A D O G F R O I K S R M N
U P S B Z Z N F B P U B D T A D
S Ö N D A G R Z E U A D L R K E
A U O C C P M Y F B T D O C R R
```

APRIL              MÅNDAG
AUGUSTI            TISDAG
ÅR                MÅNAD
KALENDER          ONSDAG
SÖNDAG            NOVEMBER
JANUARI           OKTOBER
FEBRUARI          LÖRDAG
TORSDAG           VECKA
JULI              SEPTEMBER
JUNI              FREDAG

# 66 - Biología

```
X A C E L L G D U S H V N F H D
W V W H R H O P V P Y P C B D B
J Y D V F X G E X A N M J O V Z
H B H U L G Y D C N D T B Z Z B
F E N Z Y M X C S Y M X K I U T
N O I T A T U M S S L E R M O A
K O T P R O T E I N N L O O T S
O N S O E I R E T K A B M T O P
L O F M S O B M X X T R O A R X
L I R K O Y R B M E U I S N E U
A T V L W S N T V L R Y O A P J
G U P S O R Y T R N L X M Y T K
E L M U A M T E E F I O N F I T
N O M R O H X N N S G N I C L B
W V Y N E R V C E L L Z L T P J
N E G J U P U D Ä G G D J U R Y
```

ANATOMI
BAKTERIE
CELL
KOLLAGEN
KROMOSOM
EMBRYO
ENZYM
EVOLUTION
FOTOSYNTES
HORMON

DÄGGDJUR
MUTATION
NATURLIG
NERV
NERVCELL
OSMOS
PROTEIN
REPTIL
SYMBIOS
SYNAPS

# 67 - Barbacoas

```
V Z M V X V T O S X R V A H T W
F A M I L J B T O C E A D R I O
D K O L E I U U M J D R P F L Z
H K M M P A S F M X A M J P R G
W H G D S J C S A L L I R G E Y
K Y C K L I N G R N L S K A T P
Ö M B N J I I A L A A A N N A V
L V K W U K B D G T S B Z S M N
P D F C M L Y D Y C Y P B A O S
Z V P S U I X I Z S X N A A T U
E H J E S Y H M M Y I F R G L Y
P V H Y I Å J I J R K R N V A F
I O R E K A S N Ö R G U B T S C
K N I V A R E G N U H K E O P J
A P J N O V B P G A T T R H M A
N F W V G T Z W F F P Z H O C K
```

| | |
|---|---|
| LUNCH | MUSIK |
| VARM | BARN |
| LÖK | GRILL |
| MIDDAG | PEPPAR |
| KNIVAR | KYCKLING |
| SALLADER | SALT |
| FAMILJ | SÅS |
| FRUKT | TOMATER |
| HUNGER | SOMMAR |
| SPEL | GRÖNSAKER |

# 68 - Ropa

```
B G H T H I K R A K S D N A H H
I T G I Y D G R O L W A I Y O A
E R C C L H T F M Ä S E X Y O L
B Y U E S K W V D N Y H E U F S
V S A K C A J B K N X A B W P B
P K R Z E T X O X I F L Z H O A
X O Y A A R L L L N O S L Ä P N
X V O S J O Z S L G S D K R Y D
M A P G Ö J S G R B X U C H J S
O D F Ö R K L Ä D E Y K M O A M
D H A T T S L W P B L X Z A M Y
E B L U S B J A M Ä O A O W A C
H Y A R M B A N D L V B D R S K
Y G G O U P I N U T M D Z N N E
W L D T N A V E R E F Y X Y A N
D O B K U H N B W U T O H G D S
```

| | |
|---|---|
| PÄLS | SMYCKEN |
| BLUS | MODE |
| HALSDUK | BYXOR |
| SKJORTA | PYJAMAS |
| JACKA | ARMBAND |
| BÄLTE | SANDALER |
| HALSBAND | HATT |
| FÖRKLÄDE | TRÖJA |
| KJOL | KLÄNNING |
| HANDSKAR | SKO |

# 69 - Meditación

```
V Ä N L I G H E T B U L D L R K
Z L A S A L S N Ä K D E M S M V
I W R Y N G U L I S C K W Y Z F
K F R E D N A N N Ä K D O G K R
M M R R A K N A T M F P O H L S
Z I U E S Y M U P J K M N O C A
P Y T S D O B S E R V A T I O N
E J L L I U J F K K Ä N S L O R
R N S X E K S I K Y S P B M Z H
S Z G L P D A N T S Y T X Z W Å
P B Z E S I N N E E L V X M B L
E R Ö R E L S E B O H G G V Y L
K L I L Y W Y N A T U R O M G N
T E H M A S K C A T F F A R I I
I P W T Z V Z I K B G I S L J N
V U P P M Ä R K S A M H E T K G
```

GODKÄNNANDE
UPPMÄRKSAMHET
VÄNLIGHET
LUGN
KLARHET
MEDKÄNSLA
KÄNSLOR
TACKSAMHET
PSYKISK
SINNE

RÖRELSE
MUSIK
NATUR
OBSERVATION
FRED
TANKAR
PERSPEKTIV
HÅLLNING
ANDAS
TYSTNAD

# 70 - Café

```
S  U  R  S  W  M  B  F  S  C  K  S  L  S  J  G
M  E  E  L  M  M  V  O  L  A  O  O  S  P  I  H
J  Z  T  M  Z  A  V  M  L  T  F  C  V  T  L  N
Ö  K  L  E  O  V  K  C  Z  L  F  K  S  I  H  L
L  R  I  X  T  R  A  V  S  A  E  E  D  M  M  L
K  O  F  M  W  E  G  G  K  S  I  R  A  R  O  M
E  S  J  K  X  A  P  O  H  L  N  M  Z  V  V  H
U  T  R  K  O  A  I  R  N  I  E  I  Y  U  Ä  A
R  A  G  G  U  P  R  L  Z  P  T  G  Y  A  T  A
S  D  D  U  E  Y  P  C  M  A  T  X  R  M  S  C
P  F  R  I  G  R  Ä  D  D  E  A  M  E  P  K  V
R  N  Y  W  D  V  X  D  G  I  V  V  A  L  A  N
U  M  C  E  K  Z  F  M  Z  P  M  S  O  B  M  W
N  U  K  P  R  I  S  F  E  X  T  V  H  C  M  W
G  B  I  T  T  E  R  X  M  Ä  N  G  D  B  V  R
G  K  B  C  L  R  V  T  V  L  D  A  M  W  Y  U
```

| | |
|---|---|
| VATTEN | MJÖLK |
| BITTER | VÄTSKA |
| AROM | MORGON |
| ROSTAD | SLIPA |
| SOCKER | SVART |
| SUR | URSPRUNG |
| DRYCK | PRIS |
| KOFFEIN | SMAK |
| GRÄDDE | KOPP |
| FILTER | MÄNGD |

# 71 - Libros

```
D  L  N  E  D  S  Ä  N  K  N  I  N  G  R  P  S
I  Ä  H  I  R  H  F  Ö  R  F  A  T  T  A  R  E
T  S  E  Y  I  A  X  B  R  R  U  I  X  O  Y  S
Y  A  S  K  S  I  T  S  I  R  O  M  U  H  T  L
B  R  D  S  K  G  R  T  Z  G  E  M  V  X  N  E
D  E  X  I  U  N  F  A  Ä  S  W  M  O  J  E  T
U  B  N  G  R  A  S  D  D  R  Y  O  G  W  V  T
A  F  U  A  O  H  D  P  C  R  E  U  X  W  Ä  Ä
L  O  I  R  M  N  O  H  E  K  Y  B  E  Z  N  R
I  A  S  T  A  A  P  E  I  R  V  A  G  V  N  E
T  M  E  I  N  M  A  U  O  L  Z  U  N  O  X  B
E  F  O  G  D  M  L  I  T  T  E  R  Ä  R  W  O
T  S  P  T  N  A  V  E  L  E  R  E  D  C  H  F
R  N  F  D  K  S  I  R  O  T  S  I  H  J  T  J
R  S  A  M  L  I  N  G  N  P  M  U  M  G  D  Z
S  K  R  I  V  S  D  I  K  T  W  W  X  C  C  D
```

| | |
|---|---|
| FÖRFATTARE | LÄSARE |
| ÄVENTYR | LITTERÄR |
| SAMLING | BERÄTTARE |
| SAMMANHANG | ROMAN |
| DUALITET | SIDA |
| SKRIVS | RELEVANT |
| BERÄTTELSE | DIKT |
| HISTORISK | POESI |
| HUMORISTISK | RAD |
| NEDSÄNKNING | TRAGISK |

# 72 - Los Medios de Comunicación

```
J Z L T I D N I N G A R L O T I
K O M M U N I K A T I O N F I N
I N D U S T R I S I E W M F D T
F A K T A W O G O S H Å A E N E
H O E S I G F N H X F S L N I L
K O M M E R S I E L L I D T N L
U R L O K A L R I U R K M L G E
I E E O U O V E W D T T B I R K
Y D M V T U M I D V O G F G D T
X Y W Z T T K S X I G U Å A Z U
F T N U U Ä B N O T O F F V W E
O I B X H C N A I D I C T U A L
E T P G G N I N D L I B T U X L
Y T M M R N K I A J W L J V D O
L A T I G I D F R U H H W F Y V
A U P P K O P P L A D Y B P J G
```

| | |
|---|---|
| ATTITYDER | INDUSTRI |
| KOMMERSIELL | INTELLEKTUELL |
| KOMMUNIKATION | LOKAL |
| DIGITAL | ÅSIKT |
| UTGÅVA | TIDNINGAR |
| UTBILDNING | OFFENTLIG |
| UPPKOPPLAD | RADIO |
| FINANSIERING | NÄTVERK |
| FOTON | TIDNING |
| FAKTA | TV |

# 73 - Nutrición

```
K B A L A N S E R A D T O X I N
K O U X V I T A M I N T V I K T
V X L B S X J M I I K U F D R S
A W G H Y R E I R O L A K Y R S
L U M E Y Z L J G S O P L J T Å
I R A N O D M P N R Z T L G S S
T F B M Y I R J I H E I O S P U
E E E Ä R Y T A N H Ä T P K A U
T Y A S E U C K T Ä Z L F N N K
S O X G N E T S L E T T S A N J
J Ä S N I N G I Ä R R L K A M S
M O Z I E V E R M R E Z I A Å Z
R H V R T N H F S G T E D G L S
Y U V Ä O L K H T T I G Z P B
I E I N R F E D A I I F B S Y E
K O S T P A V Y M X B E C G A D
```

BITTER
APTIT
KVALITET
KALORIER
KOLHYDRATER
SPANNMÅL
ÄTLIG
KOST
MATSMÄLTNING
BALANSERAD

JÄSNING
NÄRINGSÄMNE
VIKT
PROTEINER
SMAK
SÅS
HÄLSA
FRISKA
TOXIN
VITAMIN

# 74 - Edificios

```
B  L  V  P  I  G  N  G  V  U  M  X  G  S  L  U
M  I  A  D  A  L  O  N  F  T  L  S  Å  T  Y  N
O  D  O  B  L  U  U  V  D  S  V  H  R  A  P  I
S  I  O  O  O  D  H  O  T  E  L  L  D  D  M  V
H  C  X  S  K  R  Ä  F  F  A  T  A  M  I  F  E
R  H  R  F  S  D  A  S  S  A  B  M  A  O  Y  R
M  U  S  E  U  M  V  T  T  O  L  S  X  N  G  S
W  E  X  T  T  L  F  P  O  D  Z  U  Y  R  O  I
E  B  H  B  J  X  H  E  T  R  T  H  X  O  O  T
V  A  N  D  R  A  R  H  E  M  I  K  A  T  M  E
M  K  E  N  V  M  P  J  O  H  T  U  B  A  B  T
L  Ä  G  E  N  H  E  T  I  Z  W  J  M  W  M  W
O  N  A  T  E  A  T  E  R  O  W  S  O  Y  A  B
F  P  R  O  B  S  E  R  V  A  T  O  R  I  U  M
Y  P  A  T  K  U  P  S  W  P  L  S  K  R  V  N
W  B  G  F  A  B  R  I  K  V  N  M  T  I  S  U
```

| | |
|---|---|
| VANDRARHEM | GÅRD |
| LÄGENHET | SJUKHUS |
| SLOTT | HOTELL |
| BIO | LABORATORIUM |
| AMBASSAD | MUSEUM |
| SKOLA | OBSERVATORIUM |
| STADION | MATAFFÄR |
| FABRIK | TEATER |
| GARAGE | TORN |
| LADA | UNIVERSITET |

# 75 - Océano

```
A L G E R W M T L A S S T K Z E
Z U I S U N J M O H N K B E L S
J S R A O O X A I N I F L E D S
K V E R M R V N Y J F I T U S J
E A I X L T A E N Z R I Z D K N
Z M R O T S L T O X G U S Z Ö P
Z P L R K O R A L L D C U K L C
T I D V A T T E N Y N V L S D Y
N R J Y J V Y U D C L M D I P H
N Y N B F R Z G V G P V Z F A P
F J A O O B A I R Y E X T K D E
Z I O B W V Å A Å Ä O G P C D D
F I S K L D E T L Z K W M Ä A M
S S E D V U C Y D H P A R L B D
K R A B B A F N H U L R R B V V
V Z M E P E H A J S K V F Z C D
```

ALGER

ÅL

REV

TONFISK

VAL

BÅT

RÄKA

KRABBA

KORALL

DELFIN

SVAMP

TIDVATTEN

MANET

OSTRON

FISK

BLÄCKFISK

SALT

HAJ

STORM

SKÖLDPADDA

# 76 - Ciudad

```
U S P W J U K K E K B A S A F M
C K O O G C N A X V C P T S L L
K E T O I L B I B D Y O A F Y V
K E O B O V I P V W C T D Z G M
A D A Z A H R P W E F E I Z P A
S K O L A G F M K G R K O E L R
R N O I O S E A B R X S N R A K
X A Z I B I U R Z E T I I J T N
U B D R R E R X I E J T P T S A
H O T E L L E D N A H K O B E D
S L C L B S O V N K L I N I K T
S A B L P J Z S H V T I O L D I
X G N A R U A T S E R E T A E T
H R E G M U S E U M U O F V J F
D A U Y P X S J M N L D F N O W
X Z W A M A T A F F Ä R P B R T
```

FLYGPLATS
BANK
BIBLIOTEK
BIO
KLINIK
SKOLA
STADION
APOTEK
GALLERI
HOTELL

BOKHANDEL
MARKNAD
MUSEUM
BAGERI
RESTAURANG
MATAFFÄR
TEATER
LAGRA
UNIVERSITET
ZOO

# 77 - Agronomía

```
T V B L Z K V M A R R R B R N O
I S K J H G N I N E R O R Ö F F
L J J P J R I Z G R Y R J L S A
L O G U D H A H E R A B L L Å H
V R Ö E K G O V E T E N S K A P
Ä D D K S D N E U R E N M L E L
X B S O I D O S T U D I E A R Y
T R E L N J J M M X O H T N O R
D U L O A E B D A J H V S T S B
S K N G G X R Y V R R Y Y L I D
F Z T I R N H C E H N D S I O I
B G U U O R E K A S N Ö R G N H
T W U V Ä X T E R V A T T E N O
B L M E H C T P E F R Ö N F B M
P R O D U K T I O N X O E X G K
I D E N T I F I E R I N G A Z R
```

JORDBRUK
VATTEN
VETENSKAP
FÖRORENING
TILLVÄXT
EKOLOGI
ENERGI
SJUKDOMAR
EROSION
STUDIE

GÖDSEL
IDENTIFIERING
ORGANISK
VÄXTER
PRODUKTION
LANTLIG
FRÖN
SYSTEM
HÅLLBAR
GRÖNSAKER

# 78 - Ingeniería

```
S O U D E W E T P O V Y U N F P
Z T W C I Z D H U M Ä T N I N G
G E R E O A K R Y T S V K D O N
V T N U H M M V X O R H O I I I
I I O I K J Y E W J X R N A T N
N L I P A T T A T C X H S G K K
K I T U V M U L I E W C T R I Ä
E B U H I G P R G F R R R A R R
L A B P M O T O R O B O U M F E
E T I I U Y N R E A P E K Y R B
X S R W C J G H N K V R T S B G
A W T Z B B D I E S E L I P T Y
M A S K I N V U E T A A O A P D
N C I T J S Y V L Ä U H N K M Y
J P D G D J M B B V Z F D A T A
F R A M D R I V N I N G L R E B
```

| | |
|---|---|
| VINKEL | STRUKTUR |
| BERÄKNING | FRIKTION |
| KONSTRUKTION | STYRKA |
| DIAGRAM | VÄTSKA |
| DIAMETER | MASKIN |
| DIESEL | MÄTNING |
| DISTRIBUTION | MOTOR |
| AXEL | SPAKAR |
| ENERGI | DJUP |
| STABILITET | FRAMDRIVNING |

# 79 - Comida #1

```
V D T C A B B N Z J H A B A F K
R Z E O A B R J P I J U R V E P
R W N A J U S P R Z W B K J K P
R F S V H G V Y H B Y G E Z H V
C V B G A D A P W Y H I H C O M
G W C O M R E X L W J I D H B T
M N N W S O P P A Ö J J D P P A
M B I F B J B T T Ö K L Ö J M N
B T A N E P S L N K S I F N O T
F O V S C B G A Y K O H R O V Z
V R O E I Z N S M A V R W R I M
R O R D U L L X S N T J N T T D
D M K J J T I L E E H V F I L I
S O C K E R C K N L G Z U C Ö C
F X P Ä R O N G A E J U N P K N
S A L L A D K S J R J I F F V T
```

| | |
|---|---|
| VITLÖK | JORDGUBB |
| BASILIKA | JUICE |
| TONFISK | MJÖLK |
| SOCKER | CITRON |
| KANEL | MYNTA |
| KÖTT | ROVA |
| KORN | PÄRON |
| LÖK | SALT |
| SALLAD | SOPPA |
| SPENAT | MOROT |

# 80 - Antigüedades

```
Å  S  P  Y  Z  I  G  K  O  O  B  M  Ö  B  E  L
O  R  R  E  S  T  A  U  R  E  R  I  N  G  V  J
D  P  T  N  Y  M  G  K  U  B  S  I  I  V  Z  L
I  T  S  I  R  E  L  L  A  G  I  L  N  A  V  O
J  N  N  W  O  P  C  Z  B  P  S  U  Y  X  P  S
S  D  O  O  G  N  I  R  E  T  S  E  V  N  I  Z
S  Å  K  G  Y  E  D  V  Ä  R  D  E  I  O  D  V
I  K  R  O  E  L  T  E  E  G  V  Z  T  I  M  W
R  M  U  H  K  S  I  T  N  E  T  U  A  T  S  M
P  N  U  L  U  E  L  E  G  A  N  T  R  K  T  N
H  C  A  V  P  N  G  A  M  M  A  L  O  U  I  O
S  I  Z  P  W  T  D  D  S  G  A  E  K  A  L  C
Y  V  E  V  I  F  U  R  X  H  Y  G  E  X  F  Y
K  M  E  J  G  G  V  R  A  X  K  O  D  S  L  C
P  K  V  A  L  I  T  E  T  D  T  L  X  J  Z  K
S  M  Y  C  K  E  N  J  G  I  E  V  L  C  Y  G
```

| | |
|---|---|
| KONST | INVESTERING |
| AUTENTISK | SMYCKEN |
| KVALITET | MYNT |
| DEKORATIV | MÖBEL |
| ÅRTIONDEN | PRIS |
| ELEGANT | RESTAURERING |
| SKULPTUR | ÅRHUNDRADE |
| STIL | AUKTION |
| GALLERI | VÄRDE |
| OVANLIG | GAMMAL |

# 81 - Literatura

```
R N G B F J A F Y W D P D T A R
Y E S B G N F N N H I K E W N Z
K U S A G A Ö A E I K O O D A S
T E M A H H R M R K T T K S L M
B Å H I C I F O B S D R I M O E
E J S D C K A R T I B O B T G T
S Ä Y I Z Y T G D T E V T Y I A
K M G F K O T D I E R Y K R X F
R F D A P T A G A O Ä M L P L O
I Ö K R V W R C L P T P Z D K R
V R J G U N E M O M T W P M E X
N E Y O T G K J G Y A V A B W U
I L U I A N A L Y S R U K V F W
N S I B Y J L F W Y E I B Z V F
G E J T T R A G E D I Y V A V R
S L U T S A T S J E E A G K T P
```

| | |
|---|---|
| ANALOGI | METAFOR |
| ANALYS | BERÄTTARE |
| ANEKDOT | ROMAN |
| FÖRFATTARE | ÅSIKT |
| BIOGRAFI | DIKT |
| JÄMFÖRELSE | POETISK |
| SLUTSATS | RIM |
| BESKRIVNING | RYTM |
| DIALOG | TEMA |
| STIL | TRAGEDI |

# 82 - Química

```
R E A K T I O N V I H X P A K A
O S E H Z D T O H Ä T I A L A X
F P O L T Y E J E F R U T K T F
S A L T E I P G N G O M H A A K
A R Y K T K D H Z V L X E L L Y
G Y K I Ä P T H Y R K S B I Y J
C S E V V R M R M M V Y Y S S B
J T L F W W N S O A Z R Y K A A
E G O F C K D K K N A E W F T Z
I W M C R U T A R E P M E T O U
M G V W P K O L D A Z B R S R P
M E T A L L E R U K F H K Z R C
W Y I K X R L J E S C T V M J S
I P I L V X W D H T C B I L J B
S W A I B V K I O Ä R W H E T C
J G B A E R P G J V F M G N X N
```

| | |
|---|---|
| ALKALISK | JON |
| SYRA | VÄTSKA |
| VÄRME | METALLER |
| KOL | MOLEKYL |
| KATALYSATOR | KÄRNKRAFT |
| KLOR | SYRE |
| ELEKTRON | VIKT |
| ENZYM | REAKTION |
| GAS | SALT |
| VÄTE | TEMPERATUR |

# 83 - Gobierno

```
B  S  T  G  A  H  L  R  X  R  Y  C  W  D  D  D
S  B  E  A  G  C  E  R  Ä  K  P  V  K  A  B  E
U  B  H  I  L  Y  D  B  Ä  T  O  U  T  I  H  M
N  P  I  M  G  S  A  R  Z  T  T  C  B  N  V  O
S  P  R  D  J  A  R  F  J  A  T  S  L  Z  N  K
J  A  F  W  O  J  E  X  F  T  V  V  L  B  T  R
P  O  L  I  T  I  K  I  X  S  K  V  I  I  E  A
G  W  B  F  G  M  O  N  U  M  E  N  T  S  G  T
D  I  S  T  R  I  K  T  Y  N  F  D  E  P  A  I
F  V  L  V  J  Ä  M  L  I  K  H  E  T  T  L  S
R  V  I  L  P  P  L  I  N  A  T  I  O  N  A  Y
U  F  M  T  A  C  K  V  J  M  N  H  F  F  G  M
A  A  L  L  E  N  O  I  T  A  N  D  R  N  N  B
R  D  N  C  G  H  H  C  A  B  L  Z  D  Y  T  O
K  O  N  S  T  I  T  U  T  I  O  N  M  X  A  L
D  I  S  K  U  S  S  I  O  N  T  U  N  P  H  H
```

CIVIL                    RÄTTVISA
KONSTITUTION             LAG
DEMOKRATI                FRIHET
TAL                      LEDARE
DISKUSSION               MONUMENT
DISTRIKT                 NATIONELL
STAT                     NATION
JÄMLIKHET                POLITIK
RÄTTSLIG                 SYMBOL

# 84 - Filantropía

```
O F F E N T L I G N O G G X F M
O J Z S I P O X N H R Y L S O Ä
X L Y G M V G L G P Z B O A U N
U U N F Y M L P K R U I B I H S
Ä R L I G H E T O M U C A S R K
O T I Å C V D L N Ä M P L W Y L
H P T B M V E T T N G A P A Y I
P R O G R A M I A N D K W E K G
A H X A D R F C K I S S Z B R H
B I H R G E I J T S J N R A B E
E S L D S N E L E K D E A U N T
H T D P X O Y Y R O M M U N F E
Ö O I P B D J I S R I E K G I N
V R H U J T C J D G P G C D N F
E I V Ä L G Ö R E N H E T O K V
R A G E N E R O S I T E T M N Z
```

VÄLGÖRENHET
GEMENSKAP
KONTAKTER
DONERA
FINANS
MEDEL
GENEROSITET
MÄNNISKOR
GLOBAL
GRUPPER

HISTORIA
ÄRLIGHET
MÄNSKLIGHETEN
UNGDOM
MÅL
UPPDRAG
BEHÖVER
BARN
PROGRAM
OFFENTLIG

# 85 - Clima

```
K T P Y P K O O N A C U S Ö A S
R U N B M O R T X I L B Z V T N
U G U Y X O L H I M M E L E M M
T R O P I S K Ä X V L F O R O W
A R O K A I G V R I Z L V S S I
R O B O G R K Y M A K S Å V F I
E T T Y R B C G M R O T S Ä Ä D
P K R D R K G Z O N C U R M R J
M N L I A G A C L E U I D N I V
E G B I G M V N N J N U Z I H V
T J C G M V E D C S F H U N X I
V R M C K A H A Y M O X J G T I
P B A I R O T L J R Z W O X W F
E M O N S U N F S U M I J G T J
G R C R D I M M A H S G T N Y Y
T O R K A S N N K R R W N M M F
```

ATMOSFÄR
BRIS
HIMMEL
KLIMAT
IS
ORKAN
ÖVERSVÄMNING
MONSUN
DIMMA
MOLN

POLÄRA
BLIXT
TORR
TORKA
TEMPERATUR
STORM
TROMB
TROPISK
ÅSKA
VIND

# 86 - Comida #2

```
B M L A L D J U W B W T U O R K
F A S K Ö R S B Ä R A V U R D R
J N P O E T E V O S T N L I U O
F D D A L K O H C J B A A X P N
T E F T P R C N E K G X N N C Ä
U L T N P A O Y I R E L L E S R
J E F A Ä S S S N O V T A M O T
B T D L O P G D G G Ä M O W L S
I P G P T S S O E K G Y T P Y K
E L C G K N I T F G T I G H B O
S X F G Y S S C Ä V W B L R F C
L A U Ä R I S D R N M S R J F K
K Y C K L I N G A S B V R Ö Y A
L Y C A E W W S X W Y G H P D H
T J C A O I Y O G H U R T R J T
C X B U U K J K A V R G B Y N Y
```

| | |
|---|---|
| KRONÄRTSKOCKA | KIWI |
| MANDEL | ÄPPLE |
| SELLERI | BRÖD |
| RIS | BANAN |
| ÄGGPLANTA | KYCKLING |
| KÖRSBÄR | OST |
| CHOKLAD | TOMAT |
| SOLROS | VETE |
| ÄGG | DRUVA |
| INGEFÄRA | YOGHURT |

# 87 - Diplomacia

```
S  R  R  L  J  U  R  K  I  T  I  L  O  P  C  H
H  E  Ö  Y  N  L  T  G  O  J  P  C  Z  O  O  U
M  S  D  Y  B  Z  E  L  C  N  I  Z  N  C  O  M
L  O  A  S  I  V  T  T  Ä  R  F  D  N  W  B  A
Ö  L  S  H  C  L  I  R  O  N  S  L  C  X  B  N
S  U  S  N  P  O  R  F  U  A  D  K  I  T  E  I
N  T  A  D  O  F  G  U  J  Z  E  S  L  K  L  T
I  I  B  T  P  G  E  J  P  V  T  I  K  Å  T  Ä
N  O  M  R  Z  D  T  G  W  Y  E  T  H  R  E  R
G  N  A  L  U  I  N  E  D  R  B  A  E  P  H  P
S  H  E  R  A  V  I  G  D  Å  R  M  D  S  R  T
D  I  S  K  U  S  S  I  O  N  A  O  P  J  E  A
R  E  G  E  R  I  N  G  Z  D  M  L  E  J  K  X
A  M  B  A  S  S  A  D  S  D  A  P  T  N  Ä  X
G  E  M  E  N  S  K  A  P  Y  S  I  L  E  S  R
F  Ö  R  D  R  A  G  O  P  F  Z  D  D  X  W  H
```

| | |
|---|---|
| RÅDGIVARE | REGERING |
| GEMENSKAP | HUMANITÄR |
| KONFLIKT | SPRÅK |
| SAMARBETE | INTEGRITET |
| DIPLOMATISK | RÄTTVISA |
| DISKUSSION | POLITIK |
| AMBASSAD | RESOLUTION |
| AMBASSADÖR | SÄKERHET |
| UTLÄNDSK | LÖSNING |
| ETIK | FÖRDRAG |

# 88 - Herboristería

```
P J N G S A B D Z U D I S L M P
B L O M M A A S H Z Z N S A F J
T Å G A S U S W Y E I G E V V P
C K A R T H I W Z B F R I E K E
W N R J K G L L I D N E B N U B
G Ä D E E T I V O O S D B D L S
X F E M M H K P J H M I P E I Y
M J R C R O A P E F A E O L N A
P T R Ä D G Å R D R K N U P A R
F X R O S M A R I N S S K B R O
B Ä E I M G C H A A A I Ö K I M
G V S S Y H R L J R F E L X S A
F Y T O N L Y Ö G F C F T J K T
X H G G T Z P W N F V D I T A I
N R W M A Y C P X A L W V I S S
K V A L I T E T A S S R V G D K
```

| | |
|---|---|
| VITLÖK | INGREDIENS |
| BASILIKA | TRÄDGÅRD |
| AROMATISK | LAVENDEL |
| SAFFRAN | MEJRAM |
| KVALITET | MYNTA |
| KULINARISK | PERSILJA |
| DILL | VÄXT |
| DRAGON | ROSMARIN |
| BLOMMA | SMAK |
| FÄNKÅL | GRÖN |

# 89 - Energía

```
M  X  E  S  G  V  D  L  B  Y  V  V  Å  N  K  E
G  O  D  Z  T  B  Ä  D  V  L  K  C  N  I  H  L
G  W  C  B  R  H  C  R  P  B  X  R  G  S  G  E
K  J  C  L  J  P  Z  C  M  P  B  L  A  J  H  K
E  L  S  N  Ä  R  B  M  W  E  S  L  O  Z  R  T
T  N  Y  I  M  O  T  O  R  T  U  R  B  I  N  R
Ä  L  T  G  E  B  L  I  B  J  Y  K  P  L  F  I
V  U  Y  R  A  B  Y  N  R  Ö  F  A  M  Z  V  S
C  N  O  T  O  F  Ö  R  O  R  E  N  I  N  G  K
K  O  L  T  M  P  F  Z  W  V  M  O  R  I  B  K
T  R  E  D  T  H  I  Z  K  X  R  K  T  S  A  L
U  T  S  K  Ä  R  N  K  R  A  F  T  S  N  T  D
F  K  E  U  S  G  X  L  I  B  L  R  U  E  T  W
M  E  I  L  K  N  U  C  B  R  U  Z  D  B  E  L
O  L  D  N  I  V  D  E  I  B  J  K  N  D  R  C
C  E  P  B  R  H  A  D  I  S  O  L  I  H  I  V
```

| | |
|---|---|
| BATTERI | BENSIN |
| VÄRME | VÄTE |
| KOL | INDUSTRI |
| BRÄNSLE | MOTOR |
| FÖRORENING | KÄRNKRAFT |
| DIESEL | FÖRNYBAR |
| ELEKTRON | SOL |
| ELEKTRISK | TURBIN |
| ENTROPI | ÅNGA |
| FOTON | VIND |

# 90 - Especias

```
Z  S  F  R  T  O  K  S  U  M  E  F  E  O  H  F
K  J  K  N  O  R  R  L  A  K  R  I  T  S  W  T
Ö  A  A  P  A  A  Y  K  G  K  V  G  J  I  E  W
L  R  N  G  P  J  D  Ö  U  A  B  L  D  N  S  C
Å  Ä  S  E  J  G  D  L  B  M  Z  O  Z  A  K  C
K  F  E  A  L  P  N  T  Ö  S  M  E  S  O  O  N
N  E  P  G  L  A  E  I  I  C  H  I  D  G  E  B
Ä  G  E  A  F  T  J  V  O  R  J  Z  N  K  D  O
F  N  P  D  J  D  L  G  T  S  T  W  A  V  W  T
D  I  P  L  V  L  I  Z  P  L  D  C  R  T  B  P
E  W  A  Z  I  I  K  F  H  C  C  B  F  O  C  K
U  Y  R  R  U  C  A  A  Z  D  V  D  F  N  G  T
V  N  R  P  A  P  R  I  K  A  I  H  A  N  M  H
V  A  N  I  L  J  M  B  U  N  P  G  S  I  G  Z
N  L  B  X  U  X  Z  F  I  P  B  W  T  D  P  Y
T  U  S  B  S  U  R  E  T  T  I  B  A  T  T  W
```

| | |
|---|---|
| SUR | SÖT |
| VITLÖK | FÄNKÅL |
| BITTER | INGEFÄRA |
| ANIS | MUSKOT |
| SAFFRAN | PAPRIKA |
| KANEL | PEPPAR |
| LÖK | LAKRITS |
| KRYDDNEJLIKA | SMAK |
| KUMMIN | SALT |
| CURRY | VANILJ |

# 91 - Emociones

```
O  S  S  W  Y  R  J  L  Y  J  K  U  N  E  G  A
N  Y  W  E  Y  Z  A  A  H  A  Y  X  L  H  H  V
F  M  E  A  M  P  E  V  Z  R  S  S  J  S  N  S
Z  P  W  N  D  D  A  S  T  E  H  P  P  U  Z  L
A  A  S  N  Ö  J  L  L  Å  H  E  N  N  I  P  A
L  T  O  C  J  J  S  A  L  I  G  H  E  T  L  P
E  I  R  Ö  T  C  D  K  E  L  R  Ä  K  E  Ä  P
D  K  G  M  T  C  Ä  S  D  D  T  A  U  H  T  N
A  C  V  H  M  A  R  L  H  A  A  D  K  G  T  A
W  E  R  E  D  F  C  I  M  E  R  R  L  I  N  D
S  A  P  T  Y  L  T  K  L  U  G  N  E  L  A  O
F  R  E  D  C  W  M  V  S  T  V  Y  N  N  D  P
S  O  H  G  L  Ä  D  J  E  A  G  T  G  Ä  E  Z
A  Y  K  I  M  U  F  G  Y  O  M  G  B  V  D  G
Ö  V  E  R  R  A  S  K  N  I  N  G  O  T  I  I
N  A  H  J  P  W  O  M  K  V  K  H  J  K  D  I
```

| | |
|---|---|
| LEDA | ILSKA |
| TACKSAM | RÄDSLA |
| GLÄDJE | FRED |
| LÄTTNAD | AVSLAPPNAD |
| KÄRLEK | NÖJD |
| GENERAD | SYMPATI |
| SALIGHET | ÖVERRASKNING |
| VÄNLIGHET | ÖMHET |
| INNEHÅLL | LUGN |
| UPPHETSAD | SORG |

# 92 - Universo

```
B C E U G P N H U K R J R S Z S
E N Å M M X D D I O R E T S A Z
A K D H D A N A B S P P O L M O
S N V J O L H M X M U Z R A A H
T J K A B A D U T I G N O L T I
R H E H T G U T F S L D P Z M M
O H H I B O G E E K G N Z V O M
N A A M S R R C V L P Å T G S E
O S L M T B E U M H E T G P F L
M T V E N I K D R S D S P R Ä W
N R K L O S R X D G P L K H R Z
M O L S S V Ö D A G W O D O N D
T N O K I M M D O I R S Z P P N
Y O T E R S Y N L I G A J N C D
Y M N W O T J G D M I Y D B N U
E I I O H P Z K U A I A O V H L
```

ASTEROID
ASTRONOMI
ASTRONOM
ATMOSFÄR
HIMMELSK
HIMMEL
KOSMISK
EKVATOR
GALAX
HALVKLOT

HORISONT
BREDDGRAD
LONGITUD
MÅNE
MÖRKER
OMLOPPSBANA
SOL
SOLSTÅND
TELESKOP
SYNLIG

# 93 - Jazz

```
M D Y Z Y R E T S E K R O I F L
F B A E W D W O F N O Y F S D A
G C E W Z W E S C O M T A L Å T
A A O T M U S I K I P M V C M R
M D F R O M M U R T O H O R R R
M N I W L N K L T A S V R N V C
A U Y Z S P I S W S I X I T P D
L L N L T U G N L I T S T M M S
K O N S E R T B G V Ö P E K U D
K M I G S P E P N O R U R O S X
Ä G W E U L W X A R T D O N I T
N Y U O M A D E L P E G E U K F
D B U V M L L R A M K E Z W E F
L J D O U W L B T I N N Y A R J
K O N S T N Ä R U P I R B I S B
G N P L M U W T A M K E I I S U
```

KONSTNÄR
ALBUM
LÅT
KOMPOSITÖR
KONSERT
STIL
BETONING
KÄND
FAVORITER
GENRE

IMPROVISATION
MUSIK
MUSIKER
NY
ORKESTER
RYTM
TALANG
TRUMMOR
TEKNIK
GAMMAL

# 94 - Mediciones

```
A M A R G O L I K G M I D R V P
I I B G O R E T E M U T E R O K
N K H O P L A K R R Y U C E L Y
J W R Y H V J M U V D N I T Y F
V I K T C B V I Y H A I M E M D
X A X U N S R D D M S M A M N L
D J U P T P R E T E M O L I K F
D N S I L O D B D J Ö H D T V A
G L W Z Ä F N Y S D H O U N M L
G V A Z N F Y T K D E G V E P I
D G E L G V A E M A S S A C I L
S J R F D L I T E R Y X K C Z K
H J K W Y G D R W G C H M J X T
H R H G Z P O B L K L B G A J U
O M P L S T D D O T J K Y V M A
F H G G D X A J J K N Y E B I G
```

HÖJD
BREDD
BYTE
CENTIMETER
DECIMAL
GRAD
GRAM
KILOGRAM
KILOMETER
LITER

LÄNGD
MASSA
METER
MINUT
UNS
VIKT
DJUP
TUM
TON
VOLYM

# 95 - Barcos

```
O X K J N P C D G X S W R B E B
F C S K H A J R Ä F J D O S K E
X O T V M L U X X Y Ö J D E I S
K R H X B O J T G B M W L G Y Ä
X W N R D P F S I O A A I E T T
B E U C E I E J Y S N N V L T T
Z D A S H P L Ö D W K K B B E N
Y D D I V A K A J A K A Å Å V I
F L O T T E V M A S T R T T Å N
K J L B F O D X V Y G E H D G G
A X F T I D V A T T E N C B O Y
N O I L Z C A U D N Y X A L R G
O M O T O R C P W I F O Y R S P
T A S A B C A A B G B P L X N P
C F H P L N O O T I F X Y C Y K
C P G I T Z D O O D B H I P J N
```

ANKARE          TIDVATTEN
FLOTTE          SJÖMAN
LIVBÅT          MAST
BOJ             MOTOR
KANOT           NAUTISK
REP             VÅGOR
FÄRJA           FLOD
KAJAK           BESÄTTNING
SJÖ             SEGELBÅT
HAV             YACHT

# 96 - Antártida

```
H A P V A T T E N S J D G Z R U
M I G R A T I O N T I R A K D P
H O N V G G S J R E A I O D P I
P I N G V I N E R N Z E R N R S
Y C E I H F M N R I T T D L U T
E T D L Y A M O E G O N Y L V J
F X N P S R Z I L T P C Y B R N
F O A A G G T T A N O B E C U R
I S R K B O T I R E G J F H T E
Y S A S K E Y D E N R J J Ö A R
F E V N K G Z E N I A E H V R Ä
I G E E I A H P I T F J R L E I
S O B T V D R X M N I M W A P C
S T R E I D I E Y O W H E H M A
V F M V V M L W U K V F B J E L
F Å G L A R V I M B E H O W T G
```

| | |
|---|---|
| VATTEN | ÖAR |
| VIK | MIGRATION |
| VETENSKAPLIG | MINERALER |
| BEVARANDE | MOLN |
| KONTINENT | FÅGLAR |
| EXPEDITION | HALVÖ |
| GEOGRAFI | PINGVINER |
| GLACIÄRER | STENIG |
| IS | TEMPERATUR |
| FORSKARE | TOPOGRAFI |

# 97 - Mamíferos

```
K T T E F W B S R X F G J P I A
O I M M S T V O V A L E F R I N
N K F H F X L J Y M L E B Ä X Z
Z E O T G J D C P Z V T Z R Y M
X L A F K A T T H S P H X I P A
D E L F I N T J U R D T G E T H
N M L F E H K F J V C D R V H J
U A I A L B J Ö R N L U O A M D
H K R R E G O B Å U S G K R J T
H R O I F K Y J F Å S P P G R O
H X G G A R B E Z Y S S N O R L
J Ä G T N P J U R U G N Ä K Ä Z
H B S S T O A S J G R I A S V H
K G M T H E J V L J A N Z N M N
A G L X G Y V X A Z V A W V W J
H T I U Z J Z B G S K K I K H T
```

| | |
|---|---|
| VAL | KATT |
| ÅSNA | GORILLA |
| HÄST | GIRAFF |
| KAMEL | VARG |
| KÄNGURU | APA |
| ZEBRA | BJÖRN |
| KANIN | FÅR |
| PRÄRIEVARG | HUND |
| DELFIN | TJUR |
| ELEFANT | RÄV |

# 98 - Boxeo

```
L  N  Ä  V  E  T  V  X  I  P  R  O  Y  H  H  A
L  W  O  O  P  M  D  C  Z  R  X  O  M  A  M  X
S  D  T  T  H  Ö  R  N  R  D  N  O  W  N  O  K
U  K  P  H  M  G  U  D  P  O  Ä  N  G  D  H  Ä
F  S  P  Y  K  S  N  A  B  B  L  J  K  S  R  M
T  Ä  O  C  K  F  D  T  U  P  A  A  X  K  D  P
C  O  R  Z  L  O  K  T  R  C  V  K  U  A  W  E
D  C  K  D  A  W  D  A  R  E  P  R  C  R  L  P
V  G  C  E  I  U  R  M  L  A  V  Y  F  O  R  O
C  V  R  Z  D  G  E  T  D  R  I  T  O  D  L  J
D  G  O  H  Y  K  H  U  Y  D  X  S  K  A  E  K
A  R  M  B  Å  G  E  E  T  K  O  X  U  K  R  V
H  A  K  A  R  C  K  Z  T  H  A  M  S  S  O  X
M  O  T  S  T  Å  N  D  A  R  E  W  A  R  Y  L
D  S  B  U  G  T  S  P  A  R  K  A  H  R  F  L
Å  T  E  R  H  Ä  M  T  N  I  N  G  W  R  E  B
```

| | |
|---|---|
| DOMARE | HANDSKAR |
| HAKA | FÄRDIGHET |
| KLOCKA | SKADOR |
| FOKUS | KÄMPE |
| ARMBÅGE | MOTSTÅNDARE |
| REP | SPARKA |
| KROPP | POÄNG |
| HÖRN | NÄVE |
| UTMATTAD | SNABB |
| STYRKA | ÅTERHÄMTNING |

# 99 - Abejas

```
B D S P C P V J H V O O I H E S
L R A G N I V Ä I R F B W O K G
O O H N S C U E X O J P S N O T
M T A M H N A D A T F K O U S R
M T E J F M D N V A E U E N Y Ä
A N T Y U K M A Y N F R A G S D
P I A Y K I R R Z I M R P N T G
J N Y D M G Ä Ö V L U O U A E Å
B G U L O S V G K L N M K K M R
H D J A A Y S L X O D M I M T D
I V V F G R O Ä V P Y O B G M B
G E T G P B A V P G V L I J U D
C H I N S E K T P D V B P T K D
U O I Å V P G D P O L L E N C M
G B W M G V N E A W S G N V G N
F I W G L J K E F Y N M V H B Y
```

| | |
|---|---|
| VINGAR | FRUKT |
| VÄLGÖRANDE | RÖK |
| VAX | INSEKT |
| BIKUPA | TRÄDGÅRD |
| MAT | HONUNG |
| MÅNGFALD | VÄXTER |
| EKOSYSTEM | POLLEN |
| SVÄRM | POLLINATOR |
| BLOMMA | DROTTNING |
| BLOMMOR | SOL |

# 100 - Psicología

```
U B P Y T B I R B W M P E H R U
P A R A K N A T W A S U J J P N
P R O C K O N F L I K T E K U D
F N B D T T E H G I L K R E V E
A D L S E E G I G U P A N T T R
T O E Z R H O P X A U L H A V M
T M M K A G C F S U X S C D D E
N D T L P I N O I T I N G O K D
I R Y I I L V I O A D Ä U U C V
N Ö G N I N M Ä N T U K I S P E
G M C I I O W W I M N D L I S T
A M C S J S V A S H Ö A L M S N
Y A J K G R E É D I V D M T N A
H R E D N E E T E B A J E L Z L
Y I L F B P K Ä N S L O R B H J
M E D V E T S L Ö S X N H X Z K
```

| | |
|---|---|
| UTNÄMNING | BARNDOM |
| KLINISK | TANKAR |
| KOGNITION | UPPFATTNING |
| BETEENDE | PERSONLIGHET |
| KONFLIKT | PROBLEM |
| EGO | VERKLIGHET |
| KÄNSLOR | KÄNSLA |
| BEDÖMNING | UNDERMEDVETNA |
| IDÉER | DRÖMMAR |
| MEDVETSLÖS | TERAPI |

## 1 - Agua

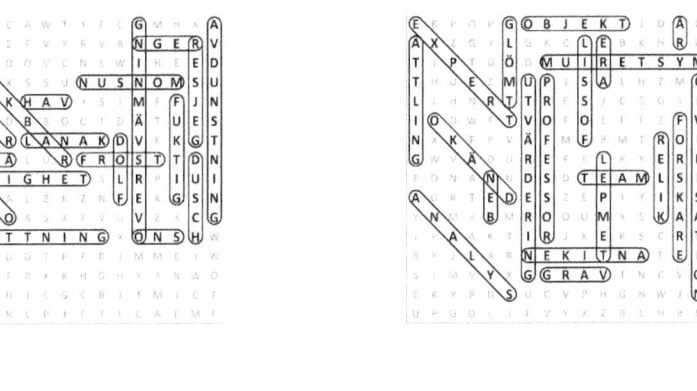

## 2 - Arqueología

## 3 - Granja #2

## 4 - La Empresa

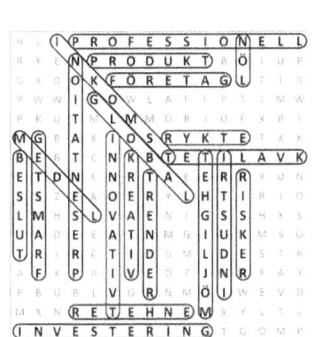

## 5 - Aviones

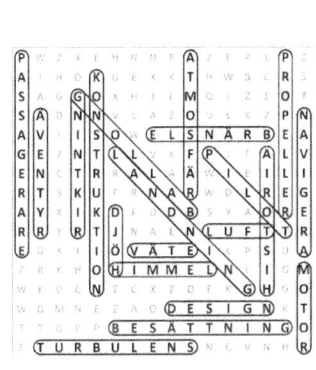

## 6 - Tipos de Cabello

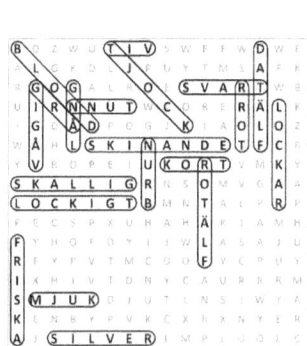

## 7 - Ética

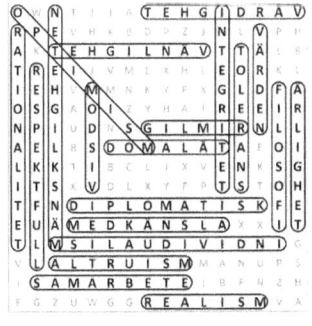

## 8 - Ciencia Ficción

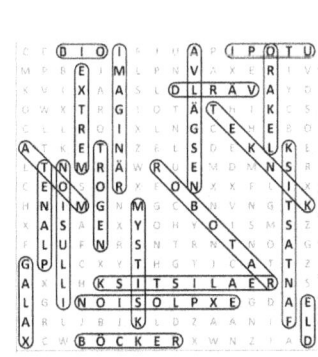

## 9 - Granja #1

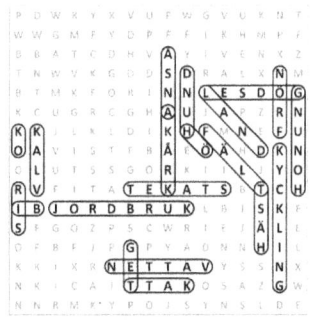

## 10 - Camping

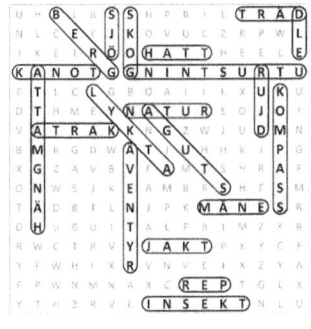

## 11 - Fruta

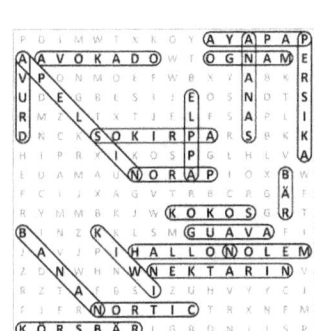

## 12 - Geología

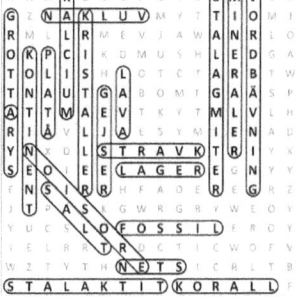

# 13 - Álgebra

# 14 - Plantas

# 15 - Suministros de Arte

# 16 - Negocio

# 17 - Jardín

# 18 - Países #2

# 19 - Números

# 20 - Física

# 21 - Belleza

# 22 - Países #1

# 23 - Mitología

# 24 - Ecología

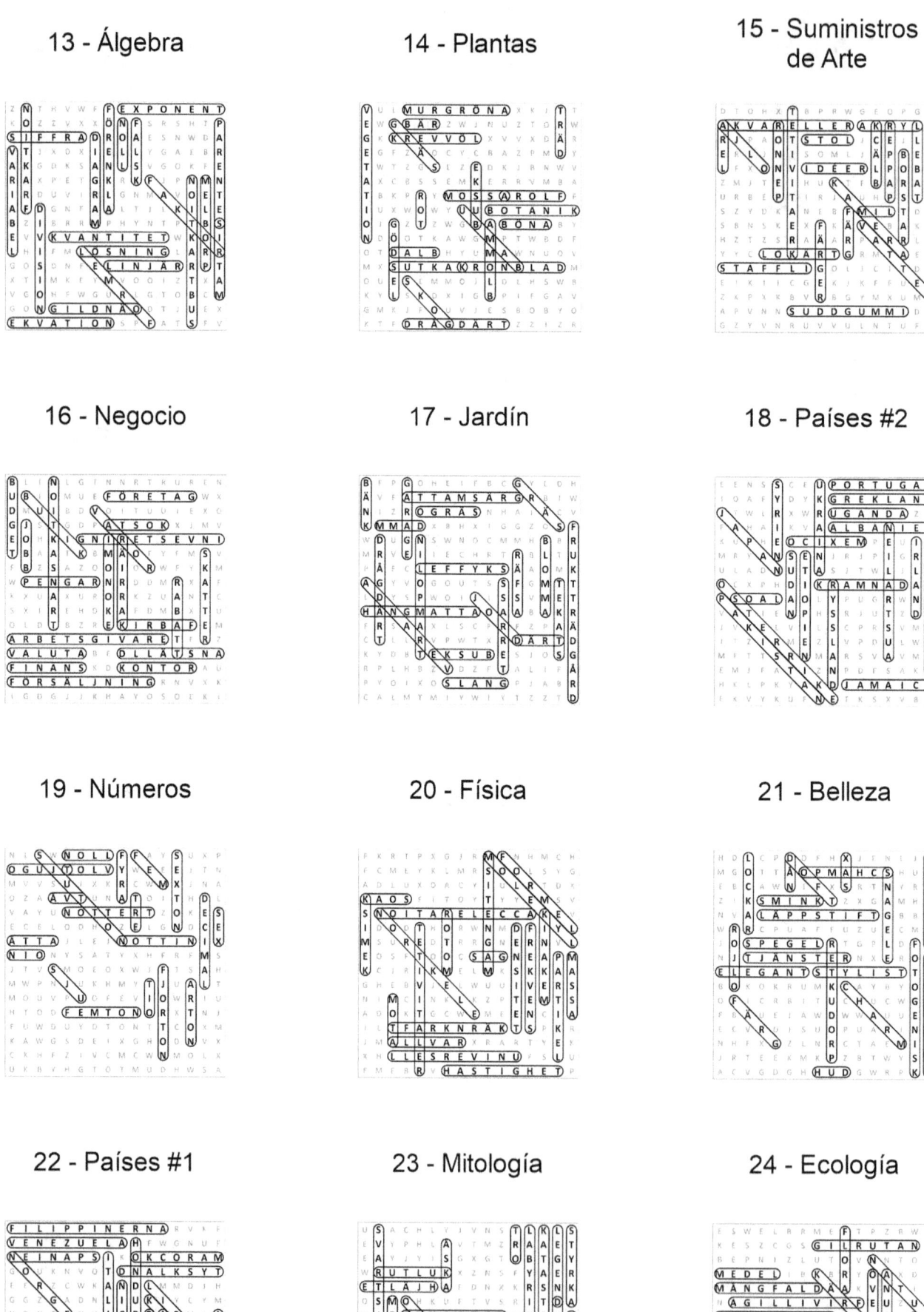

## 25 - Casa

## 26 - Salud y Bienestar #2

## 27 - Selva Tropical

## 28 - Adjetivos #1

## 29 - Familia

## 30 - Disciplinas Científicas

## 31 - Cocina

## 32 - Moda

## 33 - Electricidad

## 34 - Salud y Bienestar #1

## 35 - Adjetivos #2

## 36 - Cuerpo Humano

## 37 - Calentamiento Gl

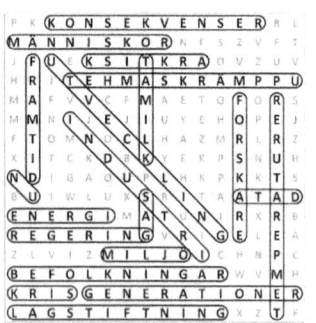

## 38 - Ciencia

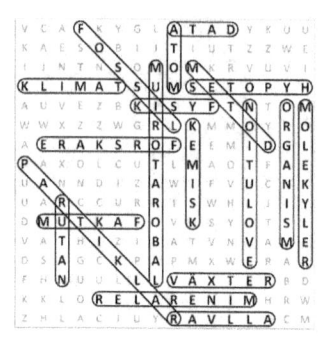

## 39 - Restaurante #2

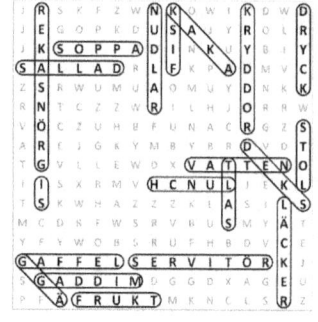

## 40 - Profesiones #1

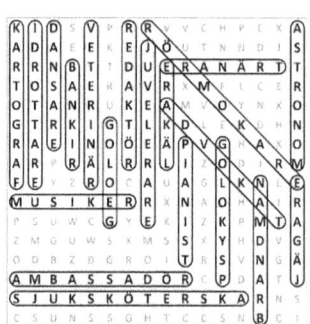

## 41 - Vehículos

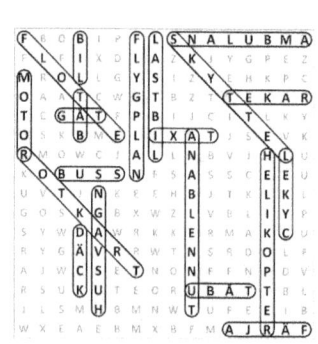

## 42 - Geometría

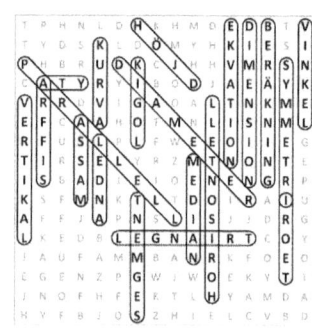

## 43 - Vacaciones #2

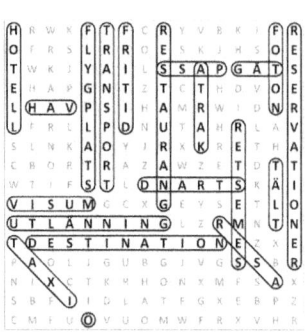

## 44 - Baile

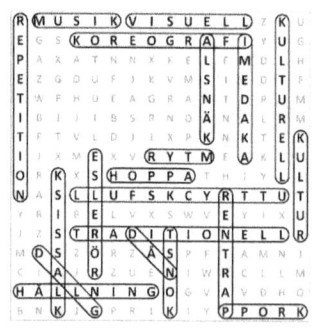

## 45 - Matemáticas

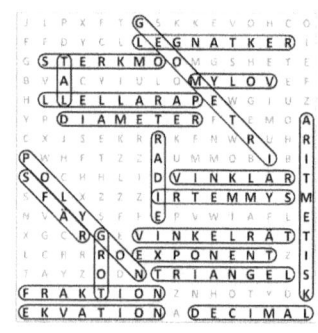

## 46 - Profesiones #2

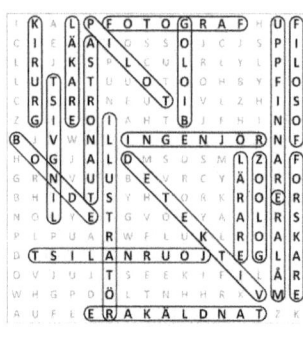

## 47 - Senderismo

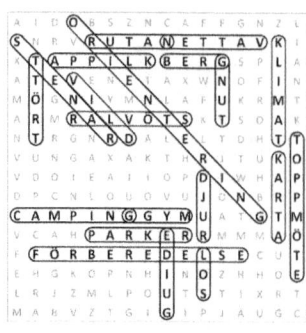

## 48 - Naturaleza

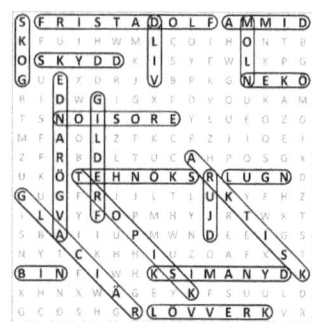

## 49 - Conduciendo

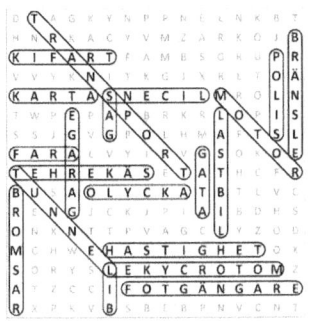

## 50 - Ballet

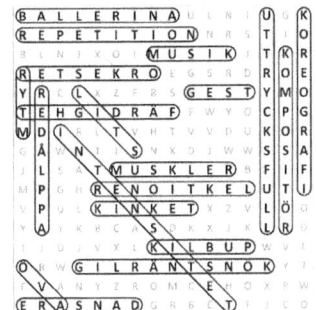

## 51 - Fuerza y Gravedad

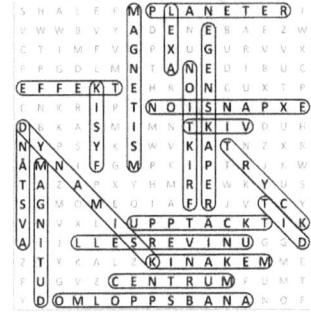

## 52 - Aventura

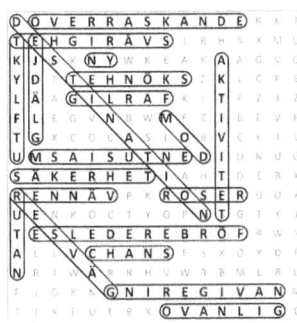

## 53 - Pájaros

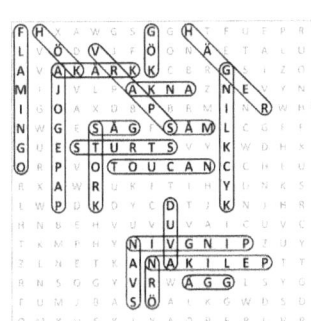

## 54 - Geografía

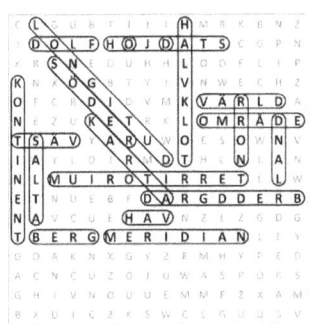

## 55 - Música

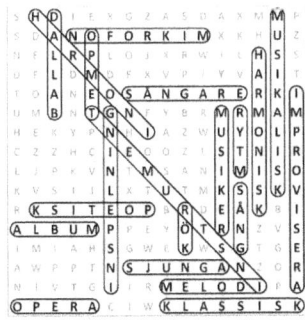

## 56 - Enfermedad

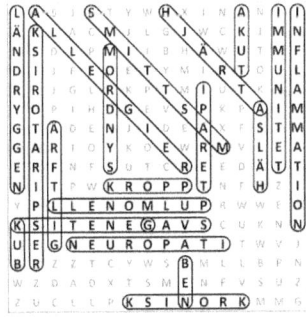

## 57 - Actividades

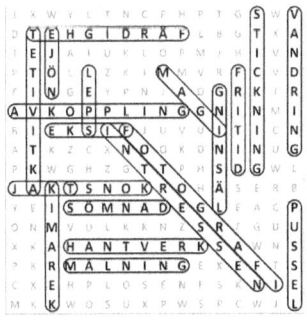

## 58 - Verduras

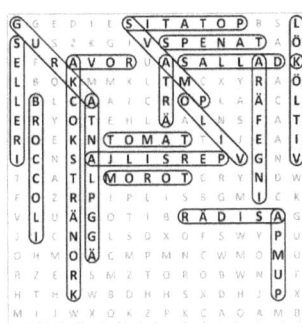

## 59 - Instrumentos Musicales

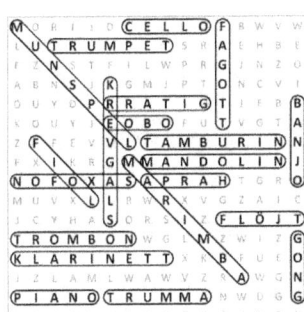

## 60 - Formas

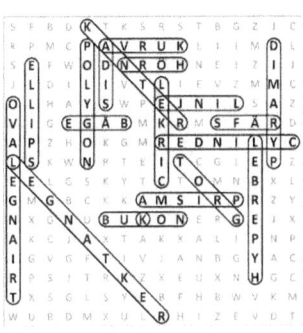

## 61 - Flores

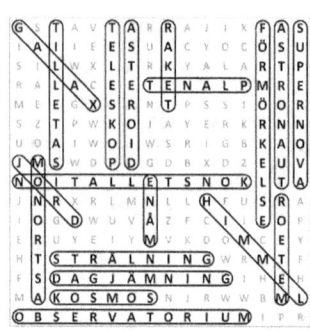

## 62 - Astronomía

## 63 - Tiempo

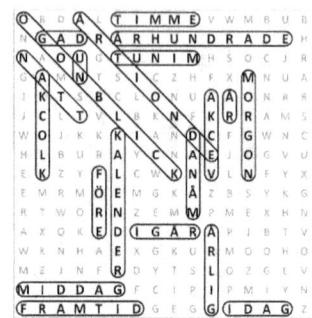

## 64 - Paisajes

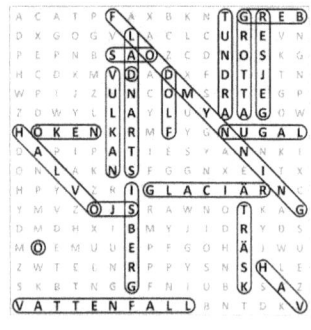

## 65 - Días y Meses

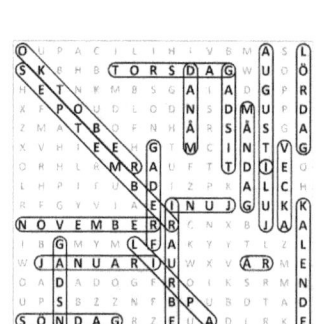

## 66 - Biología

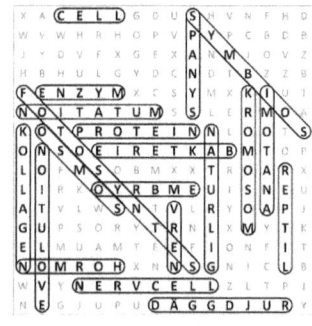

## 67 - Barbacoas

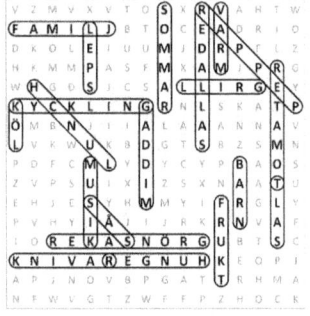

## 68 - Ropa

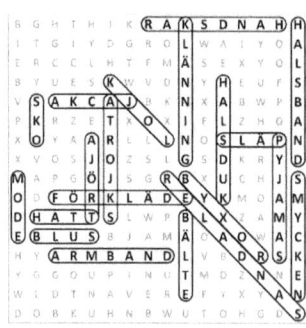

## 69 - Meditación

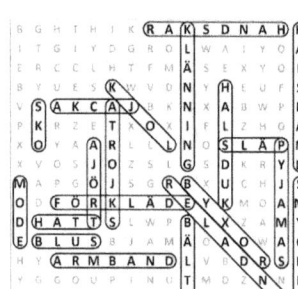

## 70 - Café

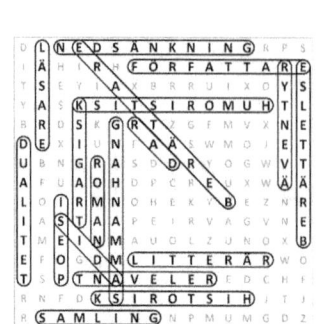

## 71 - Libros

## 72 - Los Medios de Comunicación

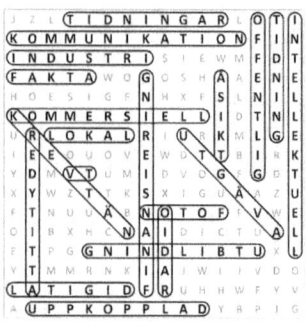

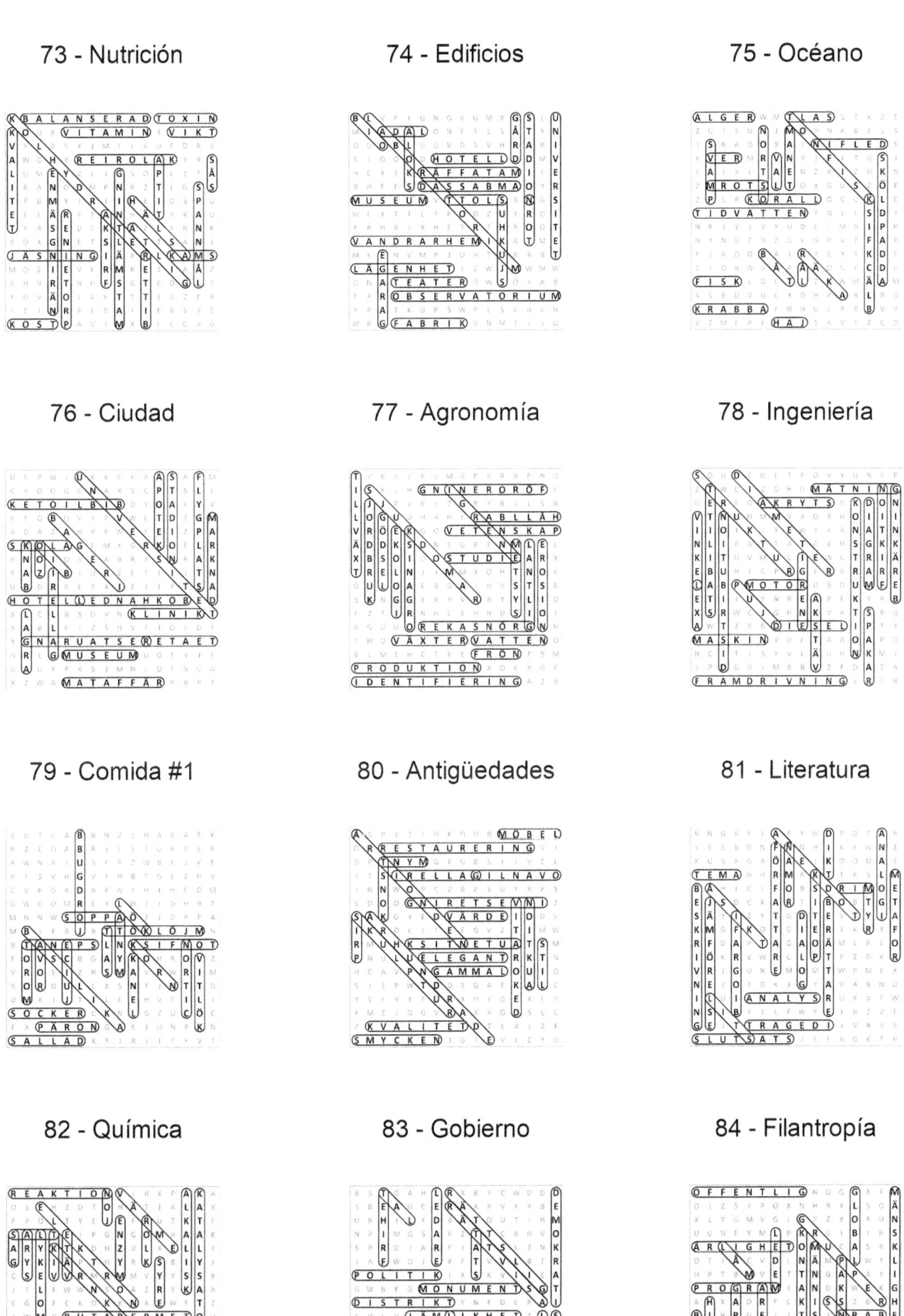

## 73 - Nutrición

## 74 - Edificios

## 75 - Océano

## 76 - Ciudad

## 77 - Agronomía

## 78 - Ingeniería

## 79 - Comida #1

## 80 - Antigüedades

## 81 - Literatura

## 82 - Química

## 83 - Gobierno

## 84 - Filantropía

## 85 - Clima

## 86 - Comida #2

## 87 - Diplomacia

## 88 - Herboristería

## 89 - Energía

## 90 - Especias

## 91 - Emociones

## 92 - Universo

## 93 - Jazz

## 94 - Mediciones

## 95 - Barcos

## 96 - Antártida

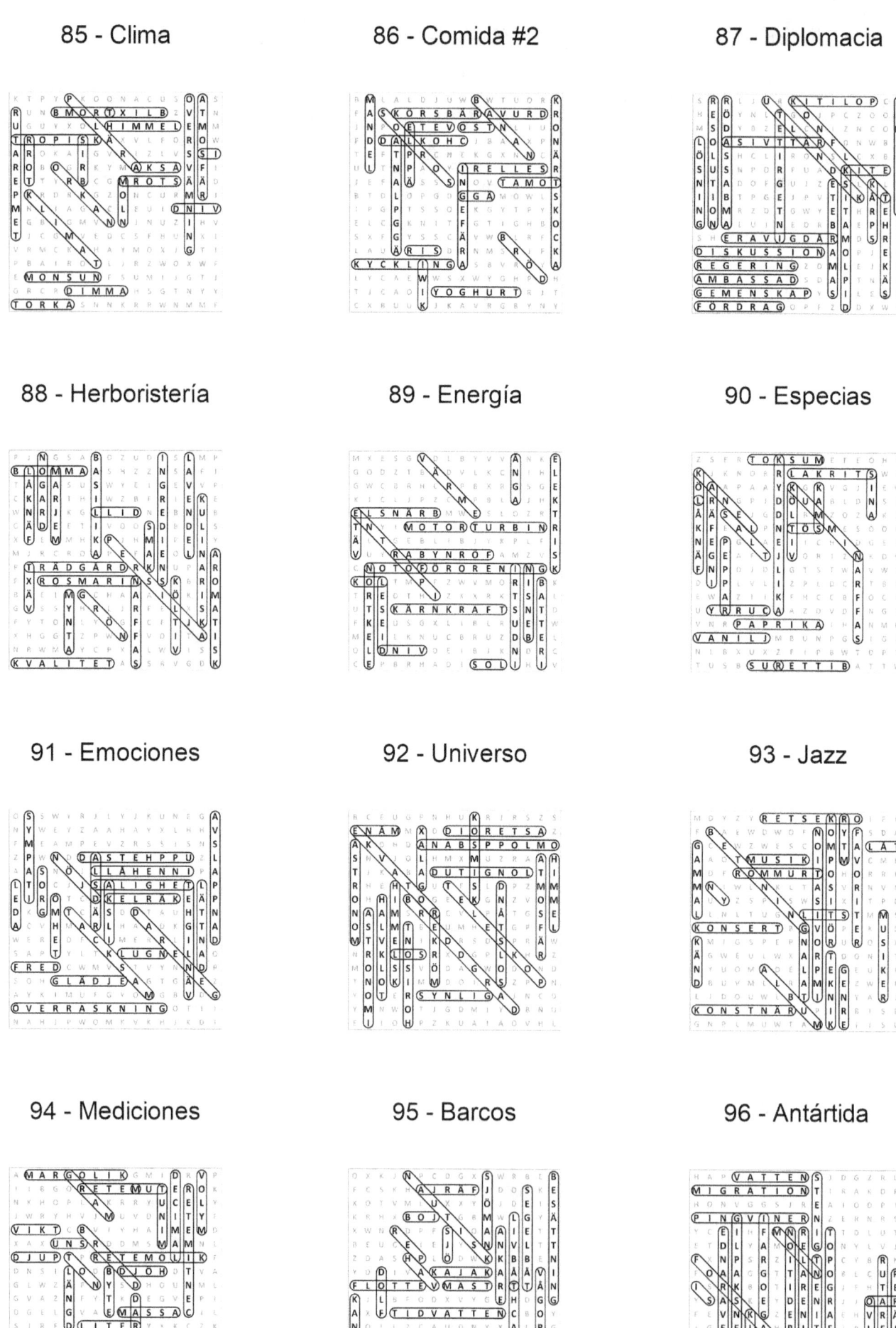

## 97 - Mamíferos

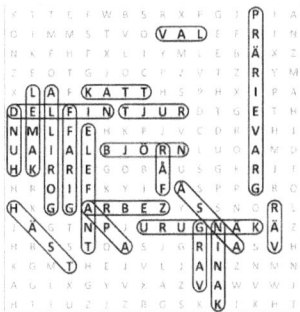

## 98 - Boxeo

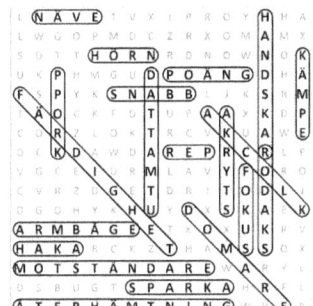

## 99 - Abejas

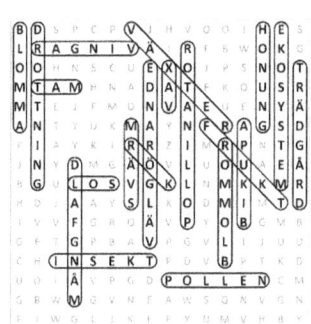

## 100 - Psicología

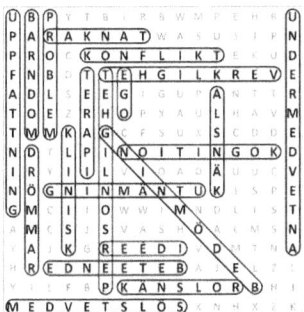

# Diccionario

## Abejas
### Bin

| | |
|---|---|
| Alas | Vingar |
| Beneficioso | Välgörande |
| Cera | Vax |
| Colmena | Bikupa |
| Comida | Mat |
| Diversidad | Mångfald |
| Ecosistema | Ekosystem |
| Enjambre | Svärm |
| Flor | Blomma |
| Flores | Blommor |
| Fruta | Frukt |
| Humo | Rök |
| Insecto | Insekt |
| Jardín | Trädgård |
| Miel | Honung |
| Plantas | Växter |
| Polen | Pollen |
| Polinizador | Pollinator |
| Reina | Drottning |
| Sol | Sol |

## Actividades
### Aktiviteter

| | |
|---|---|
| Actividad | Aktivitet |
| Arte | Konst |
| Artesanía | Hantverk |
| Caza | Jakt |
| Cerámica | Keramik |
| Costura | Sömnad |
| Fotografía | Fotografi |
| Habilidad | Färdighet |
| Intereses | Intressen |
| Juegos | Spel |
| Lectura | Läsning |
| Magia | Magi |
| Ocio | Fritid |
| Pesca | Fiske |
| Pintura | Målning |
| Placer | Nöje |
| Relajación | Avkoppling |
| Rompecabezas | Pussel |
| Senderismo | Vandring |
| Tejer | Stickning |

## Adjetivos #1
### Adjektiv #1

| | |
|---|---|
| Absoluto | Absolut |
| Activo | Aktiv |
| Ambicioso | Ambitiös |
| Aromático | Aromatisk |
| Atractivo | Attraktiv |
| Brillante | Ljus |
| Enorme | Enorm |
| Generoso | Generös |
| Grande | Stor |
| Honesto | Ärlig |
| Importante | Viktig |
| Inocente | Oskyldig |
| Joven | Ung |
| Lento | Långsam |
| Moderno | Modern |
| Oscuro | Mörk |
| Perfecto | Perfekt |
| Pesado | Tung |
| Serio | Allvarlig |
| Valioso | Värdefull |

## Adjetivos #2
### Adjektiv #2

| | |
|---|---|
| Cansado | Trött |
| Comestible | Ätlig |
| Creativo | Kreativ |
| Descriptivo | Beskrivande |
| Dramático | Dramatisk |
| Elegante | Elegant |
| Famoso | Känd |
| Fresco | Färsk |
| Fuerte | Stark |
| Interesante | Intressant |
| Natural | Naturlig |
| Normal | Normal |
| Nuevo | Ny |
| Orgulloso | Stolt |
| Picante | Kryddad |
| Productivo | Produktiv |
| Responsable | Ansvarig |
| Salado | Salt |
| Saludable | Friska |
| Seco | Torr |

## Agronomía
### Agronomi

| | |
|---|---|
| Agricultura | Jordbruk |
| Agua | Vatten |
| Ciencia | Vetenskap |
| Contaminación | Förorening |
| Crecimiento | Tillväxt |
| Ecología | Ekologi |
| Energía | Energi |
| Enfermedades | Sjukdomar |
| Erosión | Erosion |
| Estudio | Studie |
| Fertilizante | Gödsel |
| Identificación | Identifiering |
| Orgánico | Organisk |
| Plantas | Växter |
| Producción | Produktion |
| Rural | Lantlig |
| Semillas | Frön |
| Sistemas | System |
| Sostenible | Hållbar |
| Verduras | Grönsaker |

## Agua
### Vatten

| | |
|---|---|
| Canal | Kanal |
| Ducha | Dusch |
| Evaporación | Avdunstning |
| Géiser | Gejser |
| Helada | Frost |
| Hielo | Is |
| Humedad | Fuktighet |
| Huracán | Orkan |
| Húmedo | Fuktig |
| Inundación | Översvämning |
| Lago | Sjö |
| Lluvia | Regn |
| Monzón | Monsun |
| Nieve | Snö |
| Océano | Hav |
| Olas | Vågor |
| Potable | Drickbar |
| Riego | Bevattning |
| Río | Flod |
| Vapor | Ånga |

## Antártida
### Antarktis

| | |
|---|---|
| **Agua** | Vatten |
| **Bahía** | Vik |
| **Científico** | Vetenskaplig |
| **Conservación** | Bevarande |
| **Continente** | Kontinent |
| **Expedición** | Expedition |
| **Geografía** | Geografi |
| **Glaciares** | Glaciärer |
| **Hielo** | Is |
| **Investigador** | Forskare |
| **Islas** | Öar |
| **Migración** | Migration |
| **Minerales** | Mineraler |
| **Nubes** | Moln |
| **Pájaros** | Fåglar |
| **Península** | Halvö |
| **Pingüinos** | Pingviner |
| **Rocoso** | Stenig |
| **Temperatura** | Temperatur |
| **Topografía** | Topografi |

## Antigüedades
### Antikviteter

| | |
|---|---|
| **Arte** | Konst |
| **Auténtico** | Autentisk |
| **Calidad** | Kvalitet |
| **Decorativo** | Dekorativ |
| **Décadas** | Årtionden |
| **Elegante** | Elegant |
| **Escultura** | Skulptur |
| **Estilo** | Stil |
| **Galería** | Galleri |
| **Inusual** | Ovanlig |
| **Inversión** | Investering |
| **Joyas** | Smycken |
| **Monedas** | Mynt |
| **Mueble** | Möbel |
| **Precio** | Pris |
| **Restauración** | Restaurering |
| **Siglo** | Århundrade |
| **Subasta** | Auktion |
| **Valor** | Värde |
| **Viejo** | Gammal |

## Arqueología
### Arkeologi

| | |
|---|---|
| **Análisis** | Analys |
| **Antigüedad** | Antiken |
| **Años** | År |
| **Civilización** | Civilisation |
| **Descendiente** | Ättling |
| **Desconocido** | Okänd |
| **Equipo** | Team |
| **Era** | Era |
| **Evaluación** | Utvärdering |
| **Experto** | Expert |
| **Fósil** | Fossil |
| **Huesos** | Ben |
| **Investigador** | Forskare |
| **Misterio** | Mysterium |
| **Objetos** | Objekt |
| **Olvidado** | Glömt |
| **Profesor** | Professor |
| **Reliquia** | Relik |
| **Templo** | Tempel |
| **Tumba** | Grav |

## Astronomía
### Astronomi

| | |
|---|---|
| **Asteroide** | Asteroid |
| **Astronauta** | Astronaut |
| **Astrónomo** | Astronom |
| **Cielo** | Himmel |
| **Cohete** | Raket |
| **Constelación** | Konstellation |
| **Cosmos** | Kosmos |
| **Eclipse** | Förmörkelse |
| **Equinoccio** | Dagjämning |
| **Galaxia** | Galax |
| **Luna** | Måne |
| **Meteoro** | Meteor |
| **Observatorio** | Observatorium |
| **Planeta** | Planet |
| **Radiación** | Strålning |
| **Satélite** | Satellit |
| **Supernova** | Supernova |
| **Telescopio** | Teleskop |
| **Tierra** | Jord |
| **Universo** | Universum |

## Aventura
### Äventyr

| | |
|---|---|
| **Actividad** | Aktivitet |
| **Alegría** | Glädje |
| **Amigos** | Vänner |
| **Belleza** | Skönhet |
| **Destino** | Destination |
| **Dificultad** | Svårighet |
| **Entusiasmo** | Entusiasm |
| **Excursión** | Utflykt |
| **Inusual** | Ovanlig |
| **Itinerario** | Resväg |
| **Naturaleza** | Natur |
| **Navegación** | Navigering |
| **Nuevo** | Ny |
| **Oportunidad** | Chans |
| **Peligroso** | Farlig |
| **Preparación** | Förberedelse |
| **Seguridad** | Säkerhet |
| **Sorprendente** | Överraskande |
| **Valentía** | Mod |
| **Viajes** | Resor |

## Aviones
### Flygplan

| | |
|---|---|
| **Aire** | Luft |
| **Altura** | Höjd |
| **Aterrizaje** | Landning |
| **Atmósfera** | Atmosfär |
| **Aventura** | Äventyr |
| **Cielo** | Himmel |
| **Combustible** | Bränsle |
| **Construcción** | Konstruktion |
| **Dirección** | Riktning |
| **Diseño** | Design |
| **Globo** | Ballong |
| **Hélices** | Propeller |
| **Hidrógeno** | Väte |
| **Historia** | Historia |
| **Motor** | Motor |
| **Navegar** | Navigera |
| **Pasajero** | Passagerare |
| **Piloto** | Pilot |
| **Tripulación** | Besättning |
| **Turbulencia** | Turbulens |

## Álgebra
### Algebra

| | |
|---|---|
| **Cantidad** | Kvantitet |
| **Cero** | Noll |
| **Diagrama** | Diagram |
| **División** | Division |
| **Ecuación** | Ekvation |
| **Exponente** | Exponent |
| **Factor** | Faktor |
| **Falso** | Falsk |
| **Fórmula** | Formel |
| **Fracción** | Fraktion |
| **Infinito** | Oändlig |
| **Lineal** | Linjär |
| **Matriz** | Matris |
| **Número** | Siffra |
| **Paréntesis** | Parentes |
| **Problema** | Problem |
| **Resta** | Subtraktion |
| **Simplificar** | Förenkla |
| **Solución** | Lösning |
| **Variable** | Variabel |

## Baile
### Dansa

| | |
|---|---|
| **Academia** | Akademi |
| **Alegre** | Glad |
| **Arte** | Konst |
| **Clásico** | Klassisk |
| **Coreografía** | Koreografi |
| **Cuerpo** | Kropp |
| **Cultura** | Kultur |
| **Cultural** | Kulturell |
| **Emoción** | Känsla |
| **Ensayo** | Repetition |
| **Expresivo** | Uttrycksfull |
| **Gracia** | Nåd |
| **Movimiento** | Rörelse |
| **Música** | Musik |
| **Postura** | Hållning |
| **Ritmo** | Rytm |
| **Saltar** | Hoppa |
| **Socio** | Partner |
| **Tradicional** | Traditionell |
| **Visual** | Visuell |

## Ballet
### Balett

| | |
|---|---|
| **Aplauso** | Applåder |
| **Artístico** | Konstnärlig |
| **Audiencia** | Publik |
| **Bailarina** | Ballerina |
| **Bailarines** | Dansare |
| **Compositor** | Kompositör |
| **Coreografía** | Koreografi |
| **Ensayo** | Repetition |
| **Estilo** | Stil |
| **Expresivo** | Uttrycksfull |
| **Gesto** | Gest |
| **Habilidad** | Färdighet |
| **Intensidad** | Intensitet |
| **Lecciones** | Lektioner |
| **Músculos** | Muskler |
| **Música** | Musik |
| **Orquesta** | Orkester |
| **Práctica** | Öva |
| **Ritmo** | Rytm |
| **Técnica** | Teknik |

## Barbacoas
### Grillar

| | |
|---|---|
| **Almuerzo** | Lunch |
| **Caliente** | Varm |
| **Cebollas** | Lök |
| **Cena** | Middag |
| **Cuchillos** | Knivar |
| **Ensaladas** | Sallader |
| **Familia** | Familj |
| **Fruta** | Frukt |
| **Hambre** | Hunger |
| **Juegos** | Spel |
| **Música** | Musik |
| **Niños** | Barn |
| **Parrilla** | Grill |
| **Pimienta** | Peppar |
| **Pollo** | Kyckling |
| **Sal** | Salt |
| **Salsa** | Sås |
| **Tomates** | Tomater |
| **Verano** | Sommar |
| **Verduras** | Grönsaker |

## Barcos
### Båtar

| | |
|---|---|
| **Ancla** | Ankare |
| **Balsa** | Flotte |
| **Bote Salvavidas** | Livbåt |
| **Boya** | Boj |
| **Canoa** | Kanot |
| **Cuerda** | Rep |
| **Ferry** | Färja |
| **Kayak** | Kajak |
| **Lago** | Sjö |
| **Mar** | Hav |
| **Marea** | Tidvatten |
| **Marinero** | Sjöman |
| **Mástil** | Mast |
| **Motor** | Motor |
| **Náutico** | Nautisk |
| **Olas** | Vågor |
| **Río** | Flod |
| **Tripulación** | Besättning |
| **Velero** | Segelbåt |
| **Yate** | Yacht |

## Belleza
### Skönhet

| | |
|---|---|
| **Aceites** | Oljor |
| **Champú** | Schampo |
| **Color** | Färg |
| **Cosméticos** | Kosmetika |
| **Elegancia** | Elegans |
| **Elegante** | Elegant |
| **Encanto** | Charm |
| **Espejo** | Spegel |
| **Estilista** | Stylist |
| **Fotogénico** | Fotogenisk |
| **Fragancia** | Doft |
| **Gracia** | Nåd |
| **Maquillaje** | Smink |
| **Piel** | Hud |
| **Pintalabios** | Läppstift |
| **Productos** | Produkter |
| **Rizos** | Lockar |
| **Rímel** | Mascara |
| **Servicios** | Tjänster |
| **Tijeras** | Sax |

## Biología
### Biologi

| | |
|---|---|
| **Anatomía** | Anatomi |
| **Bacterias** | Bakterie |
| **Celda** | Cell |
| **Colágeno** | Kollagen |
| **Cromosoma** | Kromosom |
| **Embrión** | Embryo |
| **Enzima** | Enzym |
| **Evolución** | Evolution |
| **Fotosíntesis** | Fotosyntes |
| **Hormona** | Hormon |
| **Mamífero** | Däggdjur |
| **Mutación** | Mutation |
| **Natural** | Naturlig |
| **Nervio** | Nerv |
| **Neurona** | Nervcell |
| **Ósmosis** | Osmos |
| **Proteína** | Protein |
| **Reptil** | Reptil |
| **Simbiosis** | Symbios |
| **Sinapsis** | Synaps |

## Boxeo
### Boxning

| | |
|---|---|
| **Árbitro** | Domare |
| **Barbilla** | Haka |
| **Campana** | Klocka |
| **Centrar** | Fokus |
| **Codo** | Armbåge |
| **Cuerdas** | Rep |
| **Cuerpo** | Kropp |
| **Esquina** | Hörn |
| **Exhausto** | Utmattad |
| **Fuerza** | Styrka |
| **Guantes** | Handskar |
| **Habilidad** | Färdighet |
| **Lesiones** | Skador |
| **Luchador** | Kämpe |
| **Oponente** | Motståndare |
| **Patear** | Sparka |
| **Puntos** | Poäng |
| **Puño** | Näve |
| **Rápido** | Snabb |
| **Recuperación** | Återhämtning |

## Café
### Kaffe

| | |
|---|---|
| **Agua** | Vatten |
| **Amargo** | Bitter |
| **Aroma** | Arom |
| **Asado** | Rostad |
| **Azúcar** | Socker |
| **Ácido** | Sur |
| **Bebida** | Dryck |
| **Cafeína** | Koffein |
| **Crema** | Grädde |
| **Filtro** | Filter |
| **Leche** | Mjölk |
| **Líquido** | Vätska |
| **Mañana** | Morgon |
| **Moler** | Slipa |
| **Negro** | Svart |
| **Origen** | Ursprung |
| **Precio** | Pris |
| **Sabor** | Smak |
| **Taza** | Kopp |
| **Variedad** | Mängd |

## Calentamiento Global
### Global Uppvärmning

| | |
|---|---|
| **Ahora** | Nu |
| **Ambiental** | Miljö |
| **Atención** | Uppmärksamhet |
| **Ártico** | Arktisk |
| **Científico** | Forskare |
| **Clima** | Klimat |
| **Consecuencias** | Konsekvenser |
| **Crisis** | Kris |
| **Datos** | Data |
| **Desarrollo** | Utveckling |
| **Energía** | Energi |
| **Futuro** | Framtid |
| **Gas** | Gas |
| **Generaciones** | Generationer |
| **Gobierno** | Regering |
| **Humanos** | Människor |
| **Industria** | Industri |
| **Legislación** | Lagstiftning |
| **Poblaciones** | Befolkningar |
| **Temperaturas** | Temperaturer |

## Camping
### Camping

| | |
|---|---|
| **Animales** | Djur |
| **Aventura** | Äventyr |
| **Árboles** | Träd |
| **Bosque** | Skog |
| **Brújula** | Kompass |
| **Cabina** | Stuga |
| **Canoa** | Kanot |
| **Caza** | Jakt |
| **Cuerda** | Rep |
| **Equipo** | Utrustning |
| **Fuego** | Eld |
| **Hamaca** | Hängmatta |
| **Insecto** | Insekt |
| **Lago** | Sjö |
| **Linterna** | Lykta |
| **Luna** | Måne |
| **Mapa** | Karta |
| **Montaña** | Berg |
| **Naturaleza** | Natur |
| **Sombrero** | Hatt |

## Casa
### Hus

| | |
|---|---|
| **Alfombra** | Matta |
| **Ático** | Vind |
| **Biblioteca** | Bibliotek |
| **Chimenea** | Skorsten |
| **Cocina** | Kök |
| **Dormitorio** | Sovrum |
| **Ducha** | Dusch |
| **Escoba** | Kvast |
| **Espejo** | Spegel |
| **Garaje** | Garage |
| **Grifo** | Kran |
| **Jardín** | Trädgård |
| **Lámpara** | Lampa |
| **Pared** | Vägg |
| **Piso** | Golv |
| **Puerta** | Dörr |
| **Sótano** | Källare |
| **Techo** | Tak |
| **Valla** | Staket |
| **Ventana** | Fönster |

## Ciencia
### Vetenskap

| | |
|---|---|
| **Átomo** | Atom |
| **Científico** | Forskare |
| **Clima** | Klimat |
| **Datos** | Data |
| **Evolución** | Evolution |
| **Experimento** | Experiment |
| **Física** | Fysik |
| **Fósil** | Fossil |
| **Gravedad** | Allvar |
| **Hecho** | Faktum |
| **Hipótesis** | Hypotes |
| **Laboratorio** | Laboratorium |
| **Método** | Metod |
| **Minerales** | Mineraler |
| **Moléculas** | Molekyler |
| **Naturaleza** | Natur |
| **Organismo** | Organism |
| **Partículas** | Partiklar |
| **Plantas** | Växter |
| **Químico** | Kemisk |

## Ciencia Ficción
### Science Fiction

| | |
|---|---|
| **Atómico** | Atom |
| **Cine** | Bio |
| **Distante** | Avlägsen |
| **Explosión** | Explosion |
| **Extremo** | Extrem |
| **Fantástico** | Fantastisk |
| **Fuego** | Eld |
| **Futurista** | Trogen |
| **Galaxia** | Galax |
| **Ilusión** | Illusion |
| **Imaginario** | Imaginär |
| **Libros** | Böcker |
| **Misterioso** | Mystisk |
| **Mundo** | Värld |
| **Oráculo** | Orakel |
| **Planeta** | Planet |
| **Realista** | Realistisk |
| **Robots** | Robotar |
| **Tecnología** | Teknik |
| **Utopía** | Utopi |

## Ciudad
### Staden

| | |
|---|---|
| **Aeropuerto** | Flygplats |
| **Banco** | Bank |
| **Biblioteca** | Bibliotek |
| **Cine** | Bio |
| **Clínica** | Klinik |
| **Escuela** | Skola |
| **Estadio** | Stadion |
| **Farmacia** | Apotek |
| **Galería** | Galleri |
| **Hotel** | Hotell |
| **Librería** | Bokhandel |
| **Mercado** | Marknad |
| **Museo** | Museum |
| **Panadería** | Bageri |
| **Restaurante** | Restaurang |
| **Supermercado** | Mataffär |
| **Teatro** | Teater |
| **Tienda** | Lagra |
| **Universidad** | Universitet |
| **Zoo** | Zoo |

## Clima
### Väder

| | |
|---|---|
| **Atmósfera** | Atmosfär |
| **Brisa** | Bris |
| **Cielo** | Himmel |
| **Clima** | Klimat |
| **Hielo** | Is |
| **Huracán** | Orkan |
| **Inundación** | Översvämning |
| **Monzón** | Monsun |
| **Niebla** | Dimma |
| **Nube** | Moln |
| **Polar** | Polära |
| **Rayo** | Blixt |
| **Seco** | Torr |
| **Sequía** | Torka |
| **Temperatura** | Temperatur |
| **Tormenta** | Storm |
| **Tornado** | Tromb |
| **Tropical** | Tropisk |
| **Trueno** | Åska |
| **Viento** | Vind |

## Cocina
### Kök

| | |
|---|---|
| **Caldera** | Vattenkokare |
| **Comida** | Mat |
| **Congelador** | Frys |
| **Cucharas** | Skedar |
| **Cucharón** | Slev |
| **Cuchillos** | Knivar |
| **Delantal** | Förkläde |
| **Especias** | Kryddor |
| **Esponja** | Svamp |
| **Horno** | Ugn |
| **Jarra** | Kanna |
| **Palillos** | Ätpinnar |
| **Parrilla** | Grill |
| **Receta** | Recept |
| **Refrigerador** | Kylskåp |
| **Servilleta** | Servett |
| **Tarro** | Burk |
| **Tazas** | Koppar |
| **Tazón** | Skål |
| **Tenedores** | Gafflar |

## Comida #1
### Mat #1

| | |
|---|---|
| **Ajo** | Vitlök |
| **Albahaca** | Basilika |
| **Atún** | Tonfisk |
| **Azúcar** | Socker |
| **Canela** | Kanel |
| **Carne** | Kött |
| **Cebada** | Korn |
| **Cebolla** | Lök |
| **Ensalada** | Sallad |
| **Espinacas** | Spenat |
| **Fresa** | Jordgubb |
| **Jugo** | Juice |
| **Leche** | Mjölk |
| **Limón** | Citron |
| **Menta** | Mynta |
| **Nabo** | Rova |
| **Pera** | Päron |
| **Sal** | Salt |
| **Sopa** | Soppa |
| **Zanahoria** | Morot |

## Comida #2
### Mat #2

| | |
|---|---|
| Alcachofa | Kronärtskocka |
| Almendra | Mandel |
| Apio | Selleri |
| Arroz | Ris |
| Berenjena | Äggplanta |
| Cereza | Körsbär |
| Chocolate | Choklad |
| Girasol | Solros |
| Huevo | Ägg |
| Jengibre | Ingefära |
| Kiwi | Kiwi |
| Manzana | Äpple |
| Pan | Bröd |
| Plátano | Banan |
| Pollo | Kyckling |
| Queso | Ost |
| Tomate | Tomat |
| Trigo | Vete |
| Uva | Druva |
| Yogur | Yoghurt |

## Conduciendo
### Körning

| | |
|---|---|
| Accidente | Olycka |
| Calle | Gata |
| Camión | Lastbil |
| Coche | Bil |
| Combustible | Bränsle |
| Frenos | Bromsar |
| Garaje | Garage |
| Gas | Gas |
| Licencia | Licens |
| Mapa | Karta |
| Motocicleta | Motorcykel |
| Motor | Motor |
| Peatonal | Fotgängare |
| Peligro | Fara |
| Policía | Polis |
| Seguridad | Säkerhet |
| Transporte | Transport |
| Tráfico | Trafik |
| Túnel | Tunnel |
| Velocidad | Hastighet |

## Cuerpo Humano
### Människokroppen

| | |
|---|---|
| Barbilla | Haka |
| Boca | Mun |
| Cabeza | Huvud |
| Cara | Ansikte |
| Cerebro | Hjärna |
| Codo | Armbåge |
| Corazón | Hjärta |
| Cuello | Hals |
| Dedo | Finger |
| Hombro | Axel |
| Lengua | Tunga |
| Mano | Hand |
| Nariz | Näsa |
| Ojo | Öga |
| Oreja | Öra |
| Piel | Hud |
| Pierna | Ben |
| Rodilla | Knä |
| Sangre | Blod |
| Tobillo | Fotled |

## Diplomacia
### Diplomati

| | |
|---|---|
| Asesor | Rådgivare |
| Comunidad | Gemenskap |
| Conflicto | Konflikt |
| Cooperación | Samarbete |
| Diplomático | Diplomatisk |
| Discusión | Diskussion |
| Embajada | Ambassad |
| Embajador | Ambassadör |
| Extranjero | Utländsk |
| Ética | Etik |
| Gobierno | Regering |
| Humanitario | Humanitär |
| Idiomas | Språk |
| Integridad | Integritet |
| Justicia | Rättvisa |
| Política | Politik |
| Resolución | Resolution |
| Seguridad | Säkerhet |
| Solución | Lösning |
| Tratado | Fördrag |

## Disciplinas Científicas
### Vetenskapliga Discipliner

| | |
|---|---|
| Anatomía | Anatomi |
| Arqueología | Arkeologi |
| Astronomía | Astronomi |
| Biología | Biologi |
| Bioquímica | Biokemi |
| Botánica | Botanik |
| Ecología | Ekologi |
| Fisiología | Fysiologi |
| Geología | Geologi |
| Inmunología | Immunologi |
| Lingüística | Lingvistik |
| Mecánica | Mekanik |
| Meteorología | Meteorologi |
| Mineralogía | Mineralogi |
| Neurología | Neurologi |
| Psicología | Psykologi |
| Química | Kemi |
| Sociología | Sociologi |
| Termodinámica | Termodynamik |
| Zoología | Zoologi |

## Días y Meses
### Dagar och Månader

| | |
|---|---|
| Abril | April |
| Agosto | Augusti |
| Año | År |
| Calendario | Kalender |
| Domingo | Söndag |
| Enero | Januari |
| Febrero | Februari |
| Jueves | Torsdag |
| Julio | Juli |
| Junio | Juni |
| Lunes | Måndag |
| Martes | Tisdag |
| Mes | Månad |
| Miércoles | Onsdag |
| Noviembre | November |
| Octubre | Oktober |
| Sábado | Lördag |
| Semana | Vecka |
| Septiembre | September |
| Viernes | Fredag |

## Ecología
### Ekologi

| | |
|---|---|
| Clima | Klimat |
| Comunidades | Samhällen |
| Diversidad | Mångfald |
| Especie | Art |
| Fauna | Fauna |
| Flora | Flora |
| Global | Global |
| Hábitat | Livsmiljö |
| Marino | Marin |
| Natural | Naturlig |
| Naturaleza | Natur |
| Pantano | Kärr |
| Plantas | Växter |
| Recursos | Medel |
| Sequía | Torka |
| Sostenible | Hållbar |
| Supervivencia | Överlevnad |
| Variedad | Mängd |
| Vegetación | Vegetation |
| Voluntarios | Frivilliga |

## Edificios
### Byggnader

| | |
|---|---|
| Albergue | Vandrarhem |
| Apartamento | Lägenhet |
| Castillo | Slott |
| Cine | Bio |
| Embajada | Ambassad |
| Escuela | Skola |
| Estadio | Stadion |
| Fábrica | Fabrik |
| Garaje | Garage |
| Granero | Lada |
| Granja | Gård |
| Hospital | Sjukhus |
| Hotel | Hotell |
| Laboratorio | Laboratorium |
| Museo | Museum |
| Observatorio | Observatorium |
| Supermercado | Mataffär |
| Teatro | Teater |
| Torre | Torn |
| Universidad | Universitet |

## Electricidad
### El

| | |
|---|---|
| Almacenamiento | Lagring |
| Batería | Batteri |
| Bombilla | Glödlampa |
| Cable | Kabel |
| Cables | Tråd |
| Cantidad | Kvantitet |
| Electricista | Elektriker |
| Eléctrico | Elektrisk |
| Enchufe | Uttag |
| Equipo | Utrustning |
| Generador | Generator |
| Imán | Magnet |
| Lámpara | Lampa |
| Láser | Laser |
| Negativo | Negativ |
| Objetos | Objekt |
| Positivo | Positiv |
| Red | Nätverk |
| Televisión | Tv |
| Teléfono | Telefon |

## Emociones
### Känslor

| | |
|---|---|
| Aburrimiento | Leda |
| Agradecido | Tacksam |
| Alegría | Glädje |
| Alivio | Lättnad |
| Amor | Kärlek |
| Avergonzado | Generad |
| Beatitud | Salighet |
| Bondad | Vänlighet |
| Contenido | Innehåll |
| Emocionado | Upphetsad |
| Ira | Ilska |
| Miedo | Rädsla |
| Paz | Fred |
| Relajado | Avslappnad |
| Satisfecho | Nöjd |
| Simpatía | Sympati |
| Sorpresa | Överraskning |
| Ternura | Ömhet |
| Tranquilidad | Lugn |
| Tristeza | Sorg |

## Energía
### Energi

| | |
|---|---|
| Batería | Batteri |
| Calor | Värme |
| Carbono | Kol |
| Combustible | Bränsle |
| Contaminación | Förorening |
| Diesel | Diesel |
| Electrón | Elektron |
| Eléctrico | Elektrisk |
| Entropía | Entropi |
| Fotón | Foton |
| Gasolina | Bensin |
| Hidrógeno | Väte |
| Industria | Industri |
| Motor | Motor |
| Nuclear | Kärnkraft |
| Renovable | Förnybar |
| Sol | Sol |
| Turbina | Turbin |
| Vapor | Ånga |
| Viento | Vind |

## Enfermedad
### Sjukdom

| | |
|---|---|
| Abdominal | Buk |
| Agudo | Akut |
| Alergias | Allergier |
| Contagioso | Smittsam |
| Corazón | Hjärta |
| Crónica | Kronisk |
| Cuerpo | Kropp |
| Débil | Svag |
| Genético | Genetisk |
| Hereditario | Ärftlig |
| Huesos | Ben |
| Inflamación | Inflammation |
| Inmunidad | Immunitet |
| Lumbar | Ländryggen |
| Neuropatía | Neuropati |
| Pulmonar | Pulmonell |
| Respiratorio | Respiratorisk |
| Salud | Hälsa |
| Síndrome | Syndrom |
| Terapia | Terapi |

## Especias
### Kryddor

| | |
|---|---|
| **Agrio** | Sur |
| **Ajo** | Vitlök |
| **Amargo** | Bitter |
| **Anís** | Anis |
| **Azafrán** | Saffran |
| **Canela** | Kanel |
| **Cebolla** | Lök |
| **Clavo** | Kryddnejlika |
| **Comino** | Kummin |
| **Curry** | Curry |
| **Dulce** | Söt |
| **Hinojo** | Fänkål |
| **Jengibre** | Ingefära |
| **Nuez Moscada** | Muskot |
| **Pimentón** | Paprika |
| **Pimienta** | Peppar |
| **Regaliz** | Lakrits |
| **Sabor** | Smak |
| **Sal** | Salt |
| **Vainilla** | Vanilj |

## Ética
### Etik

| | |
|---|---|
| **Altruismo** | Altruism |
| **Bondad** | Vänlighet |
| **Compasión** | Medkänsla |
| **Cooperación** | Samarbete |
| **Dignidad** | Värdighet |
| **Diplomático** | Diplomatisk |
| **Filosofía** | Filosofi |
| **Honestidad** | Ärlighet |
| **Humanidad** | Mänskligheten |
| **Individualismo** | Individualism |
| **Integridad** | Integritet |
| **Optimismo** | Optimism |
| **Paciencia** | Tålamod |
| **Racionalidad** | Rationalitet |
| **Razonable** | Rimlig |
| **Realismo** | Realism |
| **Respetuoso** | Respektfull |
| **Sabiduría** | Visdom |
| **Tolerancia** | Tolerans |
| **Valores** | Värden |

## Familia
### Familj

| | |
|---|---|
| **Abuela** | Mormor |
| **Abuelo** | Farfar |
| **Antepasado** | Förfader |
| **Esposa** | Fru |
| **Hermana** | Syster |
| **Hermano** | Bror |
| **Hija** | Dotter |
| **Infancia** | Barndom |
| **Madre** | Mor |
| **Marido** | Make |
| **Materno** | Moderns |
| **Nieto** | Barnbarn |
| **Niño** | Barn |
| **Padre** | Far |
| **Paterno** | Faderlig |
| **Primo** | Kusin |
| **Sobrina** | Syskonbarn |
| **Sobrino** | Brorson |
| **Tía** | Moster |
| **Tío** | Farbror |

## Filantropía
### Filantropi

| | |
|---|---|
| **Caridad** | Välgörenhet |
| **Comunidad** | Gemenskap |
| **Contactos** | Kontakter |
| **Donar** | Donera |
| **Finanzas** | Finans |
| **Fondos** | Medel |
| **Generosidad** | Generositet |
| **Gente** | Människor |
| **Global** | Global |
| **Grupos** | Grupper |
| **Historia** | Historia |
| **Honestidad** | Ärlighet |
| **Humanidad** | Mänskligheten |
| **Juventud** | Ungdom |
| **Metas** | Mål |
| **Misión** | Uppdrag |
| **Necesitar** | Behöver |
| **Niños** | Barn |
| **Programas** | Program |
| **Público** | Offentlig |

## Física
### Fysik

| | |
|---|---|
| **Aceleración** | Acceleration |
| **Átomo** | Atom |
| **Caos** | Kaos |
| **Densidad** | Densitet |
| **Electrón** | Elektron |
| **Fórmula** | Formel |
| **Frecuencia** | Frekvens |
| **Gas** | Gas |
| **Gravedad** | Allvar |
| **Magnetismo** | Magnetism |
| **Masa** | Massa |
| **Mecánica** | Mekanik |
| **Molécula** | Molekyl |
| **Motor** | Motor |
| **Nuclear** | Kärnkraft |
| **Partícula** | Partikel |
| **Químico** | Kemisk |
| **Relatividad** | Relativitet |
| **Universal** | Universell |
| **Velocidad** | Hastighet |

## Flores
### Blommor

| | |
|---|---|
| **Amapola** | Vallmo |
| **Caléndula** | Ringblomma |
| **Diente de León** | Maskros |
| **Gardenia** | Gardenia |
| **Girasol** | Solros |
| **Hibisco** | Hibiskus |
| **Jazmín** | Jasmin |
| **Lavanda** | Lavendel |
| **Lila** | Lila |
| **Lirio** | Lilja |
| **Magnolia** | Magnolia |
| **Margarita** | Tusensköna |
| **Narciso** | Påsklilja |
| **Orquídea** | Orkidé |
| **Pasionaria** | Passionflower |
| **Peonía** | Pion |
| **Pétalo** | Kronblad |
| **Ramo** | Bukett |
| **Trébol** | Klöver |
| **Tulipán** | Tulpan |

## Formas
### Former

|  |  |
|---------|---------|
| Arco | Båge |
| Bordes | Kanter |
| Cilindro | Cylinder |
| Círculo | Cirkel |
| Cono | Kon |
| Cuadrado | Torg |
| Cubo | Kub |
| Curva | Kurva |
| Elipse | Ellips |
| Esfera | Sfär |
| Esquina | Hörn |
| Hipérbola | Hyperbel |
| Lado | Sida |
| Línea | Linje |
| Oval | Oval |
| Pirámide | Pyramid |
| Polígono | Polygon |
| Prisma | Prisma |
| Rectángulo | Rektangel |
| Triángulo | Triangel |

## Fruta
### Frukt

|  |  |
|---------|---------|
| Aguacate | Avokado |
| Albaricoque | Aprikos |
| Baya | Bär |
| Cereza | Körsbär |
| Coco | Kokos |
| Frambuesa | Hallon |
| Guayaba | Guava |
| Kiwi | Kiwi |
| Limón | Citron |
| Mango | Mango |
| Manzana | Äpple |
| Melocotón | Persika |
| Melón | Melon |
| Naranja | Apelsin |
| Nectarina | Nektarin |
| Papaya | Papaya |
| Pera | Päron |
| Piña | Ananas |
| Plátano | Banan |
| Uva | Druva |

## Fuerza y Gravedad
### Kraft och Gravitation

|  |  |
|---------|---------|
| Centro | Centrum |
| Descubrimiento | Upptäckt |
| Dinámico | Dynamisk |
| Distancia | Avstånd |
| Eje | Axel |
| Expansión | Expansion |
| Física | Fysik |
| Fricción | Friktion |
| Impacto | Effekt |
| Magnetismo | Magnetism |
| Magnitud | Magnitud |
| Mecánica | Mekanik |
| Órbita | Omloppsbana |
| Peso | Vikt |
| Planetas | Planeter |
| Presión | Tryck |
| Propiedades | Egenskaper |
| Tiempo | Tid |
| Universal | Universell |
| Velocidad | Hastighet |

## Geografía
### Geografi

|  |  |
|---------|---------|
| Altitud | Höjd |
| Atlas | Atlas |
| Ciudad | Stad |
| Continente | Kontinent |
| Hemisferio | Halvklot |
| Isla | Ö |
| Latitud | Breddgrad |
| Longitud | Longitud |
| Mapa | Karta |
| Mar | Hav |
| Meridiano | Meridian |
| Montaña | Berg |
| Mundo | Värld |
| Norte | Norr |
| Oeste | Väst |
| País | Land |
| Región | Område |
| Río | Flod |
| Sur | Söder |
| Territorio | Territorium |

## Geología
### Geologi

|  |  |
|---------|---------|
| Ácido | Syra |
| Calcio | Kalcium |
| Capa | Lager |
| Caverna | Grotta |
| Continente | Kontinent |
| Coral | Korall |
| Cristales | Kristaller |
| Cuarzo | Kvarts |
| Erosión | Erosion |
| Estalactita | Stalaktit |
| Estalagmitas | Stalagmiter |
| Fósil | Fossil |
| Géiser | Gejser |
| Lava | Lava |
| Meseta | Platå |
| Minerales | Mineraler |
| Piedra | Sten |
| Sal | Salt |
| Terremoto | Jordbävning |
| Volcán | Vulkan |

## Geometría
### Geometri

|  |  |
|---------|---------|
| Altura | Höjd |
| Ángulo | Vinkel |
| Cálculo | Beräkning |
| Curva | Kurva |
| Diámetro | Diameter |
| Dimensión | Dimension |
| Ecuación | Ekvation |
| Horizontal | Horisontell |
| Lógica | Logik |
| Masa | Massa |
| Mediana | Median |
| Número | Siffra |
| Paralelo | Parallell |
| Proporción | Andel |
| Segmento | Segment |
| Simetría | Symmetri |
| Superficie | Yta |
| Teoría | Teori |
| Triángulo | Triangel |
| Vertical | Vertikal |

## Gobierno
### Regeringen

| | |
|---|---|
| **Ciudadanía** | Medborgarskap |
| **Civil** | Civil |
| **Constitución** | Konstitution |
| **Democracia** | Demokrati |
| **Discurso** | Tal |
| **Discusión** | Diskussion |
| **Distrito** | Distrikt |
| **Estado** | Stat |
| **Igualdad** | Jämlikhet |
| **Independencia** | Oberoende |
| **Judicial** | Rättslig |
| **Justicia** | Rättvisa |
| **Ley** | Lag |
| **Libertad** | Frihet |
| **Líder** | Ledare |
| **Monumento** | Monument |
| **Nacional** | Nationell |
| **Nación** | Nation |
| **Política** | Politik |
| **Símbolo** | Symbol |

## Granja #1
### Gård #1

| | |
|---|---|
| **Abeja** | Bi |
| **Agricultura** | Jordbruk |
| **Agua** | Vatten |
| **Arroz** | Ris |
| **Burro** | Åsna |
| **Caballo** | Häst |
| **Cabra** | Get |
| **Campo** | Fält |
| **Cuervo** | Kråka |
| **Fertilizante** | Gödsel |
| **Gato** | Katt |
| **Heno** | Hö |
| **Miel** | Honung |
| **Perro** | Hund |
| **Pollo** | Kyckling |
| **Semillas** | Frön |
| **Ternero** | Kalv |
| **Tierra** | Land |
| **Vaca** | Ko |
| **Valla** | Staket |

## Granja #2
### Gård #2

| | |
|---|---|
| **Agricultor** | Bonde |
| **Animales** | Djur |
| **Cebada** | Korn |
| **Colmena** | Bikupa |
| **Comida** | Mat |
| **Cordero** | Lamm |
| **Fruta** | Frukt |
| **Granero** | Lada |
| **Huerto** | Fruktträdgård |
| **Leche** | Mjölk |
| **Llama** | Lama |
| **Maíz** | Majs |
| **Oveja** | Får |
| **Pastor** | Herde |
| **Pato** | Anka |
| **Prado** | Äng |
| **Riego** | Bevattning |
| **Tractor** | Traktor |
| **Trigo** | Vete |
| **Vegetal** | Grönsak |

## Herboristería
### Herbalism

| | |
|---|---|
| **Ajo** | Vitlök |
| **Albahaca** | Basilika |
| **Aromático** | Aromatisk |
| **Azafrán** | Saffran |
| **Calidad** | Kvalitet |
| **Culinario** | Kulinarisk |
| **Eneldo** | Dill |
| **Estragón** | Dragon |
| **Flor** | Blomma |
| **Hinojo** | Fänkål |
| **Ingrediente** | Ingrediens |
| **Jardín** | Trädgård |
| **Lavanda** | Lavendel |
| **Mejorana** | Mejram |
| **Menta** | Mynta |
| **Perejil** | Persilja |
| **Planta** | Växt |
| **Romero** | Rosmarin |
| **Sabor** | Smak |
| **Verde** | Grön |

## Ingeniería
### Teknik

| | |
|---|---|
| **Ángulo** | Vinkel |
| **Cálculo** | Beräkning |
| **Construcción** | Konstruktion |
| **Diagrama** | Diagram |
| **Diámetro** | Diameter |
| **Diesel** | Diesel |
| **Distribución** | Distribution |
| **Eje** | Axel |
| **Energía** | Energi |
| **Estabilidad** | Stabilitet |
| **Estructura** | Struktur |
| **Fricción** | Friktion |
| **Fuerza** | Styrka |
| **Líquido** | Vätska |
| **Máquina** | Maskin |
| **Medición** | Mätning |
| **Motor** | Motor |
| **Palancas** | Spakar |
| **Profundidad** | Djup |
| **Propulsión** | Framdrivning |

## Instrumentos Musicales
### Musikinstrument

| | |
|---|---|
| **Armónica** | Munspel |
| **Arpa** | Harpa |
| **Banjo** | Banjo |
| **Clarinete** | Klarinett |
| **Fagot** | Fagott |
| **Flauta** | Flöjt |
| **Gong** | Gong |
| **Guitarra** | Gitarr |
| **Mandolina** | Mandolin |
| **Marimba** | Marimba |
| **Oboe** | Oboe |
| **Pandereta** | Tamburin |
| **Percusión** | Slagverk |
| **Piano** | Piano |
| **Saxofón** | Saxofon |
| **Tambor** | Trumma |
| **Trombón** | Trombon |
| **Trompeta** | Trumpet |
| **Violín** | Fiol |
| **Violonchelo** | Cello |

## Jardín
### Trädgård

| | |
|---|---|
| **Arbusto** | Buske |
| **Árbol** | Träd |
| **Banco** | Bänk |
| **Césped** | Gräsmatta |
| **Estanque** | Damm |
| **Flor** | Blomma |
| **Garaje** | Garage |
| **Hamaca** | Hängmatta |
| **Hierba** | Gräs |
| **Huerto** | Fruktträdgård |
| **Jardín** | Trädgård |
| **Malezas** | Ogräs |
| **Manguera** | Slang |
| **Pala** | Skyffel |
| **Porche** | Veranda |
| **Rastrillo** | Räfsa |
| **Suelo** | Jord |
| **Terraza** | Terrass |
| **Trampolín** | Trampolin |
| **Valla** | Staket |

## Jazz
### Jazz

| | |
|---|---|
| **Artista** | Konstnär |
| **Álbum** | Album |
| **Canción** | Låt |
| **Compositor** | Kompositör |
| **Concierto** | Konsert |
| **Estilo** | Stil |
| **Énfasis** | Betoning |
| **Famoso** | Känd |
| **Favoritos** | Favoriter |
| **Género** | Genre |
| **Improvisación** | Improvisation |
| **Música** | Musik |
| **Músicos** | Musiker |
| **Nuevo** | Ny |
| **Orquesta** | Orkester |
| **Ritmo** | Rytm |
| **Talento** | Talang |
| **Tambores** | Trummor |
| **Técnica** | Teknik |
| **Viejo** | Gammal |

## La Empresa
### Företaget

| | |
|---|---|
| **Calidad** | Kvalitet |
| **Creativo** | Kreativ |
| **Decisión** | Beslut |
| **Global** | Global |
| **Industria** | Industri |
| **Ingresos** | Inkomst |
| **Innovador** | Innovativt |
| **Inversión** | Investering |
| **Negocio** | Företag |
| **Posibilidad** | Möjlighet |
| **Presentación** | Presentation |
| **Producto** | Produkt |
| **Profesional** | Professionell |
| **Progreso** | Framsteg |
| **Recursos** | Medel |
| **Reputación** | Rykte |
| **Riesgos** | Risker |
| **Salarios** | Lön |
| **Tendencias** | Trender |
| **Unidades** | Enheter |

## Libros
### Böcker

| | |
|---|---|
| **Autor** | Författare |
| **Aventura** | Äventyr |
| **Colección** | Samling |
| **Contexto** | Sammanhang |
| **Dualidad** | Dualitet |
| **Escrito** | Skrivs |
| **Historia** | Berättelse |
| **Histórico** | Historisk |
| **Humorístico** | Humoristisk |
| **Inmersión** | Nedsänkning |
| **Lector** | Läsare |
| **Literario** | Litterär |
| **Narrador** | Berättare |
| **Novela** | Roman |
| **Página** | Sida |
| **Pertinente** | Relevant |
| **Poema** | Dikt |
| **Poesía** | Poesi |
| **Serie** | Rad |
| **Trágico** | Tragisk |

## Literatura
### Litteratur

| | |
|---|---|
| **Analogía** | Analogi |
| **Análisis** | Analys |
| **Anécdota** | Anekdot |
| **Autor** | Författare |
| **Biografía** | Biografi |
| **Comparación** | Jämförelse |
| **Conclusión** | Slutsats |
| **Descripción** | Beskrivning |
| **Diálogo** | Dialog |
| **Estilo** | Stil |
| **Metáfora** | Metafor |
| **Narrador** | Berättare |
| **Novela** | Roman |
| **Opinión** | Åsikt |
| **Poema** | Dikt |
| **Poético** | Poetisk |
| **Rima** | Rim |
| **Ritmo** | Rytm |
| **Tema** | Tema |
| **Tragedia** | Tragedi |

## Los Medios de Comunicación
### Medium

| | |
|---|---|
| **Actitudes** | Attityder |
| **Comercial** | Kommersiell |
| **Comunicación** | Kommunikation |
| **Digital** | Digital |
| **Edición** | Utgåva |
| **Educación** | Utbildning |
| **En Línea** | Uppkopplad |
| **Financiación** | Finansiering |
| **Fotos** | Foton |
| **Hechos** | Fakta |
| **Industria** | Industri |
| **Intelectual** | Intellektuell |
| **Local** | Lokal |
| **Opinión** | Åsikt |
| **Periódicos** | Tidningar |
| **Público** | Offentlig |
| **Radio** | Radio |
| **Red** | Nätverk |
| **Revistas** | Tidning |
| **Televisión** | Tv |

## Mamíferos
### Däggdjur

| | |
|---|---|
| **Ballena** | Val |
| **Burro** | Åsna |
| **Caballo** | Häst |
| **Camello** | Kamel |
| **Canguro** | Känguru |
| **Cebra** | Zebra |
| **Conejo** | Kanin |
| **Coyote** | Prärievarg |
| **Delfín** | Delfin |
| **Elefante** | Elefant |
| **Gato** | Katt |
| **Gorila** | Gorilla |
| **Jirafa** | Giraff |
| **Lobo** | Varg |
| **Mono** | Apa |
| **Oso** | Björn |
| **Oveja** | Får |
| **Perro** | Hund |
| **Toro** | Tjur |
| **Zorro** | Räv |

## Matemáticas
### Matematik

| | |
|---|---|
| **Aritmética** | Aritmetisk |
| **Ángulos** | Vinklar |
| **Circunferencia** | Omkrets |
| **Cuadrado** | Torg |
| **Decimal** | Decimal |
| **Diámetro** | Diameter |
| **Ecuación** | Ekvation |
| **Esfera** | Sfär |
| **Exponente** | Exponent |
| **Fracción** | Fraktion |
| **Geometría** | Geometri |
| **Números** | Tal |
| **Paralelo** | Parallell |
| **Perpendicular** | Vinkelrät |
| **Polígono** | Polygon |
| **Radio** | Radie |
| **Rectángulo** | Rektangel |
| **Simetría** | Symmetri |
| **Triángulo** | Triangel |
| **Volumen** | Volym |

## Mediciones
### Mått

| | |
|---|---|
| **Altura** | Höjd |
| **Ancho** | Bredd |
| **Byte** | Byte |
| **Centímetro** | Centimeter |
| **Decimal** | Decimal |
| **Grado** | Grad |
| **Gramo** | Gram |
| **Kilogramo** | Kilogram |
| **Kilómetro** | Kilometer |
| **Litro** | Liter |
| **Longitud** | Längd |
| **Masa** | Massa |
| **Metro** | Meter |
| **Minuto** | Minut |
| **Onza** | Uns |
| **Peso** | Vikt |
| **Profundidad** | Djup |
| **Pulgada** | Tum |
| **Tonelada** | Ton |
| **Volumen** | Volym |

## Meditación
### Meditation

| | |
|---|---|
| **Aceptación** | Godkännande |
| **Atención** | Uppmärksamhet |
| **Bondad** | Vänlighet |
| **Calma** | Lugn |
| **Claridad** | Klarhet |
| **Compasión** | Medkänsla |
| **Emociones** | Känslor |
| **Gratitud** | Tacksamhet |
| **Mental** | Psykisk |
| **Mente** | Sinne |
| **Movimiento** | Rörelse |
| **Música** | Musik |
| **Naturaleza** | Natur |
| **Observación** | Observation |
| **Paz** | Fred |
| **Pensamientos** | Tankar |
| **Perspectiva** | Perspektiv |
| **Postura** | Hållning |
| **Respiración** | Andas |
| **Silencio** | Tystnad |

## Mitología
### Mytologi

| | |
|---|---|
| **Arquetipo** | Arketyp |
| **Celos** | Svartsjuka |
| **Cielo** | Himmel |
| **Comportamiento** | Beteende |
| **Creación** | Skapande |
| **Creencias** | Tro |
| **Criatura** | Varelse |
| **Cultura** | Kultur |
| **Desastre** | Katastrof |
| **Fuerza** | Styrka |
| **Guerrero** | Krigare |
| **Héroe** | Hjälte |
| **Inmortalidad** | Odödlighet |
| **Laberinto** | Labyrint |
| **Leyenda** | Legend |
| **Monstruo** | Monster |
| **Mortal** | Dödlig |
| **Rayo** | Blixt |
| **Trueno** | Åska |
| **Venganza** | Hämnd |

## Moda
### Mode

| | |
|---|---|
| **Bordado** | Broderi |
| **Botones** | Knappar |
| **Boutique** | Boutique |
| **Caro** | Dyr |
| **Elegante** | Elegant |
| **Encaje** | Spets |
| **Estilo** | Stil |
| **Mediciones** | Mätningar |
| **Minimalista** | Minimalistisk |
| **Moderno** | Modern |
| **Modesto** | Blygsam |
| **Original** | Original |
| **Patrón** | Mönster |
| **Práctico** | Praktisk |
| **Ropa** | Kläder |
| **Sencillo** | Enkel |
| **Sofisticado** | Sofistikerad |
| **Tejido** | Tyg |
| **Tendencia** | Trend |
| **Textura** | Textur |

## Música
### Musik

| | |
|---|---|
| **Armonía** | Harmoni |
| **Armónico** | Harmonisk |
| **Álbum** | Album |
| **Balada** | Ballad |
| **Cantante** | Sångare |
| **Cantar** | Sjunga |
| **Clásico** | Klassisk |
| **Coro** | Kör |
| **Grabación** | Inspelning |
| **Improvisar** | Improvisera |
| **Instrumento** | Instrument |
| **Melodía** | Melodi |
| **Micrófono** | Mikrofon |
| **Musical** | Musikalisk |
| **Músico** | Musiker |
| **Ópera** | Opera |
| **Poético** | Poetisk |
| **Ritmo** | Rytm |
| **Tempo** | Tempo |
| **Vocal** | Sång |

## Naturaleza
### Natur

| | |
|---|---|
| **Abejas** | Bin |
| **Animales** | Djur |
| **Ártico** | Arktisk |
| **Belleza** | Skönhet |
| **Bosque** | Skog |
| **Desierto** | Öken |
| **Dinámico** | Dynamisk |
| **Erosión** | Erosion |
| **Follaje** | Lövverk |
| **Glaciar** | Glaciär |
| **Niebla** | Dimma |
| **Nubes** | Moln |
| **Pacífico** | Fredlig |
| **Refugio** | Skydd |
| **Río** | Flod |
| **Salvaje** | Vild |
| **Santuario** | Fristad |
| **Sereno** | Lugn |
| **Tropical** | Tropisk |
| **Vital** | Avgörande |

## Negocio
### Företag

| | |
|---|---|
| **Carrera** | Karriär |
| **Costo** | Kosta |
| **Descuento** | Rabatt |
| **Dinero** | Pengar |
| **Economía** | Ekonomi |
| **Empleado** | Anställd |
| **Empleador** | Arbetsgivare |
| **Empresa** | Företag |
| **Fábrica** | Fabrik |
| **Finanzas** | Finans |
| **Impuestos** | Skatter |
| **Inversión** | Investering |
| **Mercancía** | Varor |
| **Moneda** | Valuta |
| **Oficina** | Kontor |
| **Presupuesto** | Budget |
| **Tienda** | Butik |
| **Trabajo** | Jobb |
| **Transacción** | Transaktion |
| **Venta** | Försäljning |

## Nutrición
### Näring

| | |
|---|---|
| **Amargo** | Bitter |
| **Apetito** | Aptit |
| **Calidad** | Kvalitet |
| **Calorías** | Kalorier |
| **Carbohidratos** | Kolhydrater |
| **Cereales** | Spannmål |
| **Comestible** | Ätlig |
| **Dieta** | Kost |
| **Digestión** | Matsmältning |
| **Equilibrado** | Balanserad |
| **Fermentación** | Jäsning |
| **Nutriente** | Näringsämne |
| **Peso** | Vikt |
| **Proteínas** | Proteiner |
| **Sabor** | Smak |
| **Salsa** | Sås |
| **Salud** | Hälsa |
| **Saludable** | Friska |
| **Toxina** | Toxin |
| **Vitamina** | Vitamin |

## Números
### Nummer

| | |
|---|---|
| **Catorce** | Fjorton |
| **Cero** | Noll |
| **Cinco** | Fem |
| **Cuatro** | Fyra |
| **Decimal** | Decimal |
| **Diecinueve** | Nitton |
| **Dieciocho** | Arton |
| **Dieciséis** | Sexton |
| **Diecisiete** | Sjutton |
| **Diez** | Tio |
| **Doce** | Tolv |
| **Dos** | Två |
| **Nueve** | Nio |
| **Ocho** | Åtta |
| **Quince** | Femton |
| **Seis** | Sex |
| **Siete** | Sju |
| **Trece** | Tretton |
| **Tres** | Tre |
| **Veinte** | Tjugo |

## Océano
### Hav

| | |
|---|---|
| **Alga** | Alger |
| **Anguila** | Ål |
| **Arrecife** | Rev |
| **Atún** | Tonfisk |
| **Ballena** | Val |
| **Barco** | Båt |
| **Camarón** | Räka |
| **Cangrejo** | Krabba |
| **Coral** | Korall |
| **Delfín** | Delfin |
| **Esponja** | Svamp |
| **Mareas** | Tidvatten |
| **Medusa** | Manet |
| **Ostra** | Ostron |
| **Pescado** | Fisk |
| **Pulpo** | Bläckfisk |
| **Sal** | Salt |
| **Tiburón** | Haj |
| **Tormenta** | Storm |
| **Tortuga** | Sköldpadda |

## Paisajes
### Landskap

| | |
|---|---|
| **Cascada** | Vattenfall |
| **Cueva** | Grotta |
| **Desierto** | Öken |
| **Estuario** | Flodmynning |
| **Géiser** | Gejser |
| **Glaciar** | Glaciär |
| **Iceberg** | Isberg |
| **Isla** | Ö |
| **Lago** | Sjö |
| **Laguna** | Lagun |
| **Mar** | Hav |
| **Montaña** | Berg |
| **Oasis** | Oas |
| **Pantano** | Träsk |
| **Península** | Halvö |
| **Playa** | Strand |
| **Río** | Flod |
| **Tundra** | Tundra |
| **Valle** | Dal |
| **Volcán** | Vulkan |

## Países #1
### Länder #1

| | |
|---|---|
| **Alemania** | Tyskland |
| **Argentina** | Argentina |
| **Bélgica** | Belgien |
| **Brasil** | Brasilien |
| **Canadá** | Kanada |
| **Ecuador** | Ecuador |
| **Egipto** | Egypten |
| **España** | Spanien |
| **Filipinas** | Filippinerna |
| **Honduras** | Honduras |
| **India** | Indien |
| **Italia** | Italien |
| **Libia** | Libyen |
| **Malí** | Mali |
| **Marruecos** | Marocko |
| **Nicaragua** | Nicaragua |
| **Noruega** | Norge |
| **Panamá** | Panama |
| **Polonia** | Polen |
| **Venezuela** | Venezuela |

## Países #2
### Länder #2

| | |
|---|---|
| **Albania** | Albanien |
| **Australia** | Australien |
| **Austria** | Österrike |
| **Dinamarca** | Danmark |
| **Etiopía** | Etiopien |
| **Francia** | Frankrike |
| **Grecia** | Grekland |
| **Indonesia** | Indonesien |
| **Irlanda** | Irland |
| **Jamaica** | Jamaica |
| **Japón** | Japan |
| **Laos** | Laos |
| **México** | Mexico |
| **Pakistán** | Pakistan |
| **Portugal** | Portugal |
| **Rusia** | Ryssland |
| **Siria** | Syrien |
| **Sudán** | Sudan |
| **Ucrania** | Ukraina |
| **Uganda** | Uganda |

## Pájaros
### Fåglar

| | |
|---|---|
| **Avestruz** | Struts |
| **Águila** | Örn |
| **Cigüeña** | Stork |
| **Cisne** | Svan |
| **Cuco** | Gök |
| **Cuervo** | Kråka |
| **Flamenco** | Flamingo |
| **Ganso** | Gås |
| **Garza** | Häger |
| **Gaviota** | Mås |
| **Gorrión** | Sparv |
| **Halcón** | Hök |
| **Huevo** | Ägg |
| **Loro** | Papegoja |
| **Paloma** | Duva |
| **Pato** | Anka |
| **Pelícano** | Pelikan |
| **Pingüino** | Pingvin |
| **Pollo** | Kyckling |
| **Tucán** | Toucan |

## Plantas
### Växter

| | |
|---|---|
| **Arbusto** | Buske |
| **Árbol** | Träd |
| **Bambú** | Bambu |
| **Baya** | Bär |
| **Bosque** | Skog |
| **Botánica** | Botanik |
| **Cactus** | Kaktus |
| **Fertilizante** | Gödsel |
| **Flor** | Blomma |
| **Flora** | Flora |
| **Follaje** | Lövverk |
| **Frijol** | Böna |
| **Hiedra** | Murgröna |
| **Hierba** | Gräs |
| **Hoja** | Blad |
| **Jardín** | Trädgård |
| **Musgo** | Mossa |
| **Pétalo** | Kronblad |
| **Raíz** | Rot |
| **Vegetación** | Vegetation |

## Profesiones #1
### Yrken # 1

| | |
|---|---|
| **Abogado** | Advokat |
| **Astrónomo** | Astronom |
| **Atleta** | Idrottare |
| **Bailarín** | Dansare |
| **Banquero** | Bankir |
| **Bombero** | Brandman |
| **Cartógrafo** | Kartograf |
| **Cazador** | Jägare |
| **Doctor** | Läkare |
| **Editor** | Redaktör |
| **Embajador** | Ambassadör |
| **Enfermera** | Sjuksköterska |
| **Entrenador** | Tränare |
| **Fontanero** | Rörmokare |
| **Geólogo** | Geolog |
| **Joyero** | Juvelerare |
| **Músico** | Musiker |
| **Pianista** | Pianist |
| **Psicólogo** | Psykolog |
| **Veterinario** | Veterinär |

## Profesiones #2
### Yrken # 2

| | |
|---|---|
| **Agricultor** | Bonde |
| **Astronauta** | Astronaut |
| **Bibliotecario** | Bibliotekarie |
| **Biólogo** | Biolog |
| **Cirujano** | Kirurg |
| **Dentista** | Tandläkare |
| **Detective** | Detektiv |
| **Filósofo** | Filosof |
| **Fotógrafo** | Fotograf |
| **Ilustrador** | Illustratör |
| **Ingeniero** | Ingenjör |
| **Inventor** | Uppfinnare |
| **Investigador** | Forskare |
| **Lingüista** | Lingvist |
| **Médico** | Läkare |
| **Periodista** | Journalist |
| **Piloto** | Pilot |
| **Pintor** | Målare |
| **Profesor** | Lärare |
| **Zoólogo** | Zoolog |

## Psicología
### Psykologi

| | |
|---|---|
| **Cita** | Utnämning |
| **Clínico** | Klinisk |
| **Cognición** | Kognition |
| **Comportamiento** | Beteende |
| **Conflicto** | Konflikt |
| **Ego** | Ego |
| **Emociones** | Känslor |
| **Evaluación** | Bedömning |
| **Ideas** | Idéer |
| **Inconsciente** | Medvetslös |
| **Infancia** | Barndom |
| **Pensamientos** | Tankar |
| **Percepción** | Uppfattning |
| **Personalidad** | Personlighet |
| **Problema** | Problem |
| **Realidad** | Verklighet |
| **Sensación** | Känsla |
| **Subconsciente** | Undermedvetna |
| **Sueños** | Drömmar |
| **Terapia** | Terapi |

## Química
### Kemi

| | |
|---|---|
| **Alcalino** | Alkalisk |
| **Ácido** | Syra |
| **Calor** | Värme |
| **Carbono** | Kol |
| **Catalizador** | Katalysator |
| **Cloro** | Klor |
| **Electrón** | Elektron |
| **Enzima** | Enzym |
| **Gas** | Gas |
| **Hidrógeno** | Väte |
| **Ion** | Jon |
| **Líquido** | Vätska |
| **Metales** | Metaller |
| **Molécula** | Molekyl |
| **Nuclear** | Kärnkraft |
| **Oxígeno** | Syre |
| **Peso** | Vikt |
| **Reacción** | Reaktion |
| **Sal** | Salt |
| **Temperatura** | Temperatur |

## Restaurante #2
### Restaurang nr 2

| | |
|---|---|
| **Agua** | Vatten |
| **Almuerzo** | Lunch |
| **Bebida** | Dryck |
| **Camarero** | Servitör |
| **Cena** | Middag |
| **Cuchara** | Sked |
| **Delicioso** | Läcker |
| **Ensalada** | Sallad |
| **Especias** | Kryddor |
| **Fideos** | Nudlar |
| **Fruta** | Frukt |
| **Hielo** | Is |
| **Huevos** | Ägg |
| **Pastel** | Kaka |
| **Pescado** | Fisk |
| **Sal** | Salt |
| **Silla** | Stol |
| **Sopa** | Soppa |
| **Tenedor** | Gaffel |
| **Verduras** | Grönsaker |

## Ropa
### Kläder

| | |
|---|---|
| **Abrigo** | Päls |
| **Blusa** | Blus |
| **Bufanda** | Halsduk |
| **Camisa** | Skjorta |
| **Chaqueta** | Jacka |
| **Cinturón** | Bälte |
| **Collar** | Halsband |
| **Delantal** | Förkläde |
| **Falda** | Kjol |
| **Guantes** | Handskar |
| **Joyas** | Smycken |
| **Moda** | Mode |
| **Pantalones** | Byxor |
| **Pijama** | Pyjamas |
| **Pulsera** | Armband |
| **Sandalias** | Sandaler |
| **Sombrero** | Hatt |
| **Suéter** | Tröja |
| **Vestido** | Klänning |
| **Zapato** | Sko |

## Salud y Bienestar #1
### Hälsa och Välbefinnande

| | |
|---|---|
| **Activo** | Aktiv |
| **Altura** | Höjd |
| **Bacterias** | Bakterie |
| **Clínica** | Klinik |
| **Doctor** | Läkare |
| **Farmacia** | Apotek |
| **Fractura** | Fraktur |
| **Hambre** | Hunger |
| **Hábito** | Vana |
| **Hormonas** | Hormoner |
| **Huesos** | Ben |
| **Medicina** | Medicin |
| **Músculos** | Muskler |
| **Piel** | Hud |
| **Postura** | Hållning |
| **Reflejo** | Reflex |
| **Relajación** | Avkoppling |
| **Terapia** | Terapi |
| **Tratamiento** | Behandling |
| **Virus** | Virus |

## Salud y Bienestar #2
Hälsa och Välbefinnande

| | |
|---|---|
| **Alergia** | Allergi |
| **Anatomía** | Anatomi |
| **Apetito** | Aptit |
| **Caloría** | Kalori |
| **Dieta** | Kost |
| **Digestión** | Matsmältning |
| **Energía** | Energi |
| **Enfermedad** | Sjukdom |
| **Estrés** | Påfrestning |
| **Genética** | Genetik |
| **Higiene** | Hygien |
| **Hospital** | Sjukhus |
| **Infección** | Infektion |
| **Masaje** | Massage |
| **Nutrición** | Näring |
| **Peso** | Vikt |
| **Recuperación** | Återhämtning |
| **Saludable** | Friska |
| **Sangre** | Blod |
| **Vitamina** | Vitamin |

## Selva Tropical
Regnskog

| | |
|---|---|
| **Anfibios** | Amfibier |
| **Botánico** | Botanisk |
| **Clima** | Klimat |
| **Comunidad** | Gemenskap |
| **Diversidad** | Mångfald |
| **Especie** | Art |
| **Indígena** | Inhemsk |
| **Insectos** | Insekter |
| **Mamíferos** | Däggdjur |
| **Musgo** | Mossa |
| **Naturaleza** | Natur |
| **Nubes** | Moln |
| **Pájaros** | Fåglar |
| **Preservación** | Bevarande |
| **Refugio** | Tillflykt |
| **Respeto** | Respekt |
| **Restauración** | Restaurering |
| **Selva** | Djungel |
| **Supervivencia** | Överlevnad |
| **Valioso** | Värdefull |

## Senderismo
Vandring

| | |
|---|---|
| **Acantilado** | Klippa |
| **Agua** | Vatten |
| **Animales** | Djur |
| **Botas** | Stövlar |
| **Camping** | Camping |
| **Cansado** | Trött |
| **Clima** | Klimat |
| **Cumbre** | Toppmöte |
| **Guías** | Guide |
| **Mapa** | Karta |
| **Montaña** | Berg |
| **Mosquitos** | Mygg |
| **Naturaleza** | Natur |
| **Orientación** | Orientering |
| **Parques** | Parker |
| **Pesado** | Tung |
| **Piedras** | Stenar |
| **Preparación** | Förberedelse |
| **Salvaje** | Vild |
| **Sol** | Sol |

## Suministros de Arte
Konstmaterial

| | |
|---|---|
| **Aceite** | Olja |
| **Acrílico** | Akryl |
| **Acuarelas** | Akvareller |
| **Agua** | Vatten |
| **Arcilla** | Lera |
| **Borrador** | Suddgummi |
| **Caballete** | Staffli |
| **Carbón** | Träkol |
| **Cámara** | Kamera |
| **Cepillos** | Borstar |
| **Colores** | Färger |
| **Creatividad** | Kreativitet |
| **Ideas** | Idéer |
| **Lápices** | Pennor |
| **Mesa** | Tabell |
| **Papel** | Papper |
| **Pegamento** | Lim |
| **Pinturas** | Färg |
| **Silla** | Stol |
| **Tinta** | Bläck |

## Tiempo
Tid

| | |
|---|---|
| **Ahora** | Nu |
| **Antes** | Före |
| **Anual** | Årlig |
| **Año** | År |
| **Ayer** | Igår |
| **Calendario** | Kalender |
| **Década** | Årtionde |
| **Día** | Dag |
| **Futuro** | Framtid |
| **Hora** | Timme |
| **Hoy** | Idag |
| **Mañana** | Morgon |
| **Mediodía** | Middag |
| **Mes** | Månad |
| **Minuto** | Minut |
| **Momento** | Ögonblick |
| **Noche** | Natt |
| **Reloj** | Klocka |
| **Semana** | Vecka |
| **Siglo** | Århundrade |

## Tipos de Cabello
Hårtyper

| | |
|---|---|
| **Blanco** | Vit |
| **Brillante** | Skinande |
| **Calvo** | Skallig |
| **Corto** | Kort |
| **Delgada** | Tunn |
| **Gris** | Grå |
| **Grueso** | Tjock |
| **Largo** | Lång |
| **Marrón** | Brun |
| **Negro** | Svart |
| **Ondulado** | Vågig |
| **Plata** | Silver |
| **Rizado** | Lockigt |
| **Rizos** | Lockar |
| **Rubio** | Blond |
| **Saludable** | Friska |
| **Seco** | Torr |
| **Suave** | Mjuk |
| **Trenzado** | Flätad |
| **Trenzas** | Flätor |

## Universo
### Universum

| | |
|---|---|
| **Asteroide** | Asteroid |
| **Astronomía** | Astronomi |
| **Astrónomo** | Astronom |
| **Atmósfera** | Atmosfär |
| **Celestial** | Himmelsk |
| **Cielo** | Himmel |
| **Cósmico** | Kosmisk |
| **Ecuador** | Ekvator |
| **Galaxia** | Galax |
| **Hemisferio** | Halvklot |
| **Horizonte** | Horisont |
| **Latitud** | Breddgrad |
| **Longitud** | Longitud |
| **Luna** | Måne |
| **Oscuridad** | Mörker |
| **Órbita** | Omloppsbana |
| **Solar** | Sol |
| **Solsticio** | Solstånd |
| **Telescopio** | Teleskop |
| **Visible** | Synlig |

## Vacaciones #2
### Semester # 2

| | |
|---|---|
| **Aeropuerto** | Flygplats |
| **Carpa** | Tält |
| **Destino** | Destination |
| **Extranjero** | Utlänning |
| **Fotos** | Foton |
| **Hotel** | Hotell |
| **Isla** | Ö |
| **Mapa** | Karta |
| **Mar** | Hav |
| **Ocio** | Fritid |
| **Pasaporte** | Pass |
| **Playa** | Strand |
| **Reservas** | Reservationer |
| **Restaurante** | Restaurang |
| **Taxi** | Taxi |
| **Transporte** | Transport |
| **Tren** | Tåg |
| **Vacaciones** | Semester |
| **Viaje** | Resa |
| **Visa** | Visum |

## Vehículos
### Fordon

| | |
|---|---|
| **Ambulancia** | Ambulans |
| **Autobús** | Buss |
| **Avión** | Flygplan |
| **Balsa** | Flotte |
| **Barco** | Båt |
| **Bicicleta** | Cykel |
| **Camión** | Lastbil |
| **Caravana** | Husvagn |
| **Coche** | Bil |
| **Cohete** | Raket |
| **Ferry** | Färja |
| **Helicóptero** | Helikopter |
| **Lanzadera** | Skyttel |
| **Metro** | Tunnelbana |
| **Motor** | Motor |
| **Neumáticos** | Däck |
| **Submarino** | Ubåt |
| **Taxi** | Taxi |
| **Tractor** | Traktor |
| **Tren** | Tåg |

## Verduras
### Grönsaker

| | |
|---|---|
| **Ajo** | Vitlök |
| **Alcachofa** | Kronärtskocka |
| **Apio** | Selleri |
| **Berenjena** | Äggplanta |
| **Brócoli** | Broccoli |
| **Calabaza** | Pumpa |
| **Cebolla** | Lök |
| **Ensalada** | Sallad |
| **Espinacas** | Spenat |
| **Guisante** | Ärta |
| **Jengibre** | Ingefära |
| **Nabo** | Rova |
| **Oliva** | Oliv |
| **Patata** | Potatis |
| **Pepino** | Gurka |
| **Perejil** | Persilja |
| **Rábano** | Rädisa |
| **Seta** | Svamp |
| **Tomate** | Tomat |
| **Zanahoria** | Morot |

# Enhorabuena

**Lo has conseguido!**

Esperamos que hayas disfrutado de este libro tanto como nosotros al diseñarlo. Nos esforzamos por crear libros de la máxima calidad posible.
Esta edición está diseñada para proporcionar un aprendizaje inteligente, de calidad y divertido!

¿Te ha gustado este libro?

-------

Una Petición Sencilla

Estos libros existen gracias a las reseñas que se publican.
¿Podrías ayudarnos dejando una reseña ahora?
Aquí tienes un breve enlace a la página de reseñas

BestBooksActivity.com/Opiniones50

# ¡DESAFÍO FINAL!

## Reto n°1

¿Estás listo para tu juego gratis? Los utilizamos siempre, pero no son tan fáciles de encontrar. ¡Aquí están los **Sinónimos!**

Escribe 5 palabras que hayas encontrado en los rompecabezas (#21, #36, #76) y trata de encontrar 2 sinónimos para cada palabra.

### Escriba 5 palabras del **Puzzle 21**

| Palabras | Sinónimo 1 | Sinónimo 2 |
|----------|------------|------------|
|          |            |            |
|          |            |            |
|          |            |            |
|          |            |            |
|          |            |            |

### Escriba 5 palabras del **Puzzle 36**

| Palabras | Sinónimo 1 | Sinónimo 2 |
|----------|------------|------------|
|          |            |            |
|          |            |            |
|          |            |            |
|          |            |            |
|          |            |            |

### Escriba 5 palabras del **Puzzle 76**

| Palabras | Sinónimo 1 | Sinónimo 2 |
|----------|------------|------------|
|          |            |            |
|          |            |            |
|          |            |            |
|          |            |            |
|          |            |            |

# Reto n°2

Ahora que te has calentado, escribe 5 palabras que hayas encontrado en los Puzzles 9, 17 y 25 e intenta encontrar 2 antónimos para cada palabra. ¿Cuántos puedes encontrar en 20 minutos?

Escriba 5 palabras del **Puzzle 9**

| Palabras | Antónimo 1 | Antónimo 2 |
|---|---|---|
| | | |
| | | |
| | | |
| | | |
| | | |

Escriba 5 palabras del **Puzzle 17**

| Palabras | Antónimo 1 | Antónimo 2 |
|---|---|---|
| | | |
| | | |
| | | |
| | | |
| | | |

Escriba 5 palabras del **Puzzle 25**

| Palabras | Antónimo 1 | Antónimo 2 |
|---|---|---|
| | | |
| | | |
| | | |
| | | |
| | | |

# Reto n°3

¡Genial! Este desafío final no es nada para ti.

¿Preparado para el reto final? Elige 10 palabras que hayas descubierto en los diferentes rompecabezas y escríbelas a continuación.

| | |
|---|---|
| 1. | 6. |
| 2. | 7. |
| 3. | 8. |
| 4. | 9. |
| 5. | 10. |

Ahora escribe un texto pensando en una persona, un animal o un lugar que te guste.

*Puedes usar la última página de este libro como borrador.*

## Tu Composición:

# CUADERNO DE NOTAS :

# HASTA PRONTO !

*Todo el Equipo*

# DESCUBRA JUEGOS GRATIS

**GO**

↓

**BESTACTIVITYBOOKS.COM/FREEGAMES**